성령을
이렇게
받으라

The Beginner's Guide to Receiving the Holy Spirit
copyright ⓒ 2002, Quin Sherrer and Ruthanne Garlock
All right reserved.
Published by Regal Books from Gospel Light Ventura, California, U.S.A
P.O.Box 3875, Ventrura, CA 93006 U.S.A
Gospel Lght Worldwide.
Korean Translation Copyright ⓒ 2009 by Shekinah publications.

이 책의 한국어판 저작권은 쉐키나 출판사에 있습니다.
저작권법에 의해 한국에서 보호받는 저작물이므로 무단전재와 무단복제를 금합니다.

성령을
이렇게
받으라

퀸 셰러 & 루산 갈록 지음
장택수 옮김

| 차례 |

감사의 글 6
머리말 8

1장
성령은 누구인가? 13

2장
모든 변화가 성령 때문인가? 37

3장
성령을 어떻게 받는가? 65

4장
왜 방언을 하는가? 91

5장
무엇 때문에 주저하는가? 113

6장
어떻게 성령으로 걸어가는가? 139

7장
성령세례는 지속적인가? 167

8장
역사로 보는 성령 193

에필로그 212
주 217

| 감사의 글 |

나(퀸)는 하늘로 돌아가신 후에 신자들 안에 내주하실 성령을 보내 주신 주 예수님께 먼저 감사드린다.

플로리다 주 데스틴의 성공회교회에서 목회 중인 포레스트 모블리Forrest Mobley 목사님께 진심으로 감사드린다. 1970년대 초반 나에게 성령세례를 받도록 사랑으로 격려해 주셨다. 내가 성령을 받기 3년 전에 포레스트 목사님과 낸시 사모님은 주님께 순종하면서 데니스 베넷 목사님께 성령의 기름부음을 위한 기도를 받으셨다. 당시 주류 교단 목회자로서는 매우 위험한 결정이었다.

〈성령님을 찾아서〉(규장 역간)라는 책으로 성령의 은사가 무엇인지 깨닫는 데 도움을 준 존 쉐릴John Sherrill에게도 감사한다. 성령님을 만난 이후 존의 책을 통해 많은 것을 배웠다.

나(루산)는 오클라호마 주 툴사에서 성장하는 동안 성령의 방법으로 나를 이끄셨고 지금은 고인이 되신 존과 리디아 스터블필드 목사님 부부께 감사드린다. 그들은 전심으로 주님을 섬기고 뒤를 돌아보지 않는 결단의 본보기가 되어주셨다.

50년도 넘었는데 내가 성령을 받았던 밤 나와 함께 기도했고 지금은 은퇴한 복음전도자의 아내인 제리 리빙스턴에게 감사하고 싶다.

서번트Servant 출판사의 특별한 친구들에게도 감사한다. 돈 쿠퍼, 버트 게찌, 도로시 그리핀, 캐시 디어링은 우리가 책을 쓴 지난 세월 동안 아낌없는 격려와 도움을 수었다. 기독교 출판에 대한 그들의 비전과 헌신이 수많은 이들에게 새로운 계시와 축복을 전했다고 확신한다.

이 책을 읽는 독자들이 성령의 만지심을 경험할 수 있도록 자신들의 경험을 기꺼이 나누어 준 모든 분들께도 감사를 전한다.

| 머리말 |

숨 막힐 듯 아름다운 베일Vail 근처 콜로라도 산맥의 눈 덮인 봉우리가 보이는 곳에 돌로 지은 예배당에서 열린 난Nan과 조의 결혼식에 참석하게 된 것은 흥분 그 자체였다. 둘의 결혼식은 난을 위해 기도했던 우리 가족의 기도에 대한 응답이었다. 30대 후반인 난은 오랜 세월 크리스천 남편을 기다려 왔다.

신랑과 신부가 인사하는 모습을 보는 순간 난이 우리 집에 왔던 8년 전 밤이 떠올랐다. 난과 우리 딸은 댈러스에서 콜로라도로 와서 일자리와 집을 구하는 동안 우리 집에서 같이 살게 되었다.

난은 어느 수요일 저녁 초교파인 우리 교회의 예배에 참석했다. 엄격한 교단에서 성장한 난에게 우리 교회의 예배 스타일은 다소 이상해 보였다. 목사님은 성령세례에 대해 말씀을 전하셨다. 그날 저녁, 식탁에 둘러 앉아 식사하는데 난이 이것저것 질문을 늘어놓았다.

"어릴 때 그리스도를 영접했을 때 성령으로 충만해지지 않았나요?" "왜 또 다시 경험해야 하죠?"

"성령님은 저를 위해 어떤 일을 하죠? 하나님을 더 잘 알게 되나요?" "방언을 해야 하나요?"

질문이 끊이지 않았다. 해답을 열심히 찾아보라고 격려하면서 나는 최대한 열심히 설명해 주었다. 우리 교회의 예배에 정기적으로 출석하게 된 난은 더 이상 우리 예배가 이상하다고 생각하지 않았다. 찬양할 때 보면 주님이 주신 기쁨으로 얼굴에서 빛이 날 정도였다. 성령을 받기 위해 그녀가 기도했을지도 모르지만 성령으로 충만한 사람들과 예배하는 것에 편안해 보였다. 신랑과 신부의 요청에 따라 주례 목사님은 결혼식 자리에서 예수님을 영접할 사람을 초청했다.

난을 만난 뒤로 성령을 받는 것이 얼마나 좋은지 수많은 사람들에게 설명하다 보니 성령세례에 대해 생소한 사람들을 위한 책을 쓰면 좋겠다는 생각이 들었다. 비슷한 질문을 하는 사람들에게 주려고 2장짜리 자료도 만들었다.

서번트 출판사에서 이 책을 제안했을 때 루산과 나는 흔쾌히 받아들였다. 오래 전 의심과 궁금증이 많았던 내 모습이 떠오르기도 했다.

테러범들이 뉴욕의 세계무역센터와 미 국방성 건물을 파괴했던 2001년 9월 11일에도 우리는 이 책을 쓰는 중이었다. 테러 공격의 공포와 수많은 인명 손실 때문에 미국인들은 충격으로 말문이 막혔다. 그 이후 미국은 대통령의 주도하에 하나님께 얼굴을 향했다. 비극의 와중에도 성령님이 함께 하셔서 각 사람들에게 역사하셨다. 위기와 고통의 순간 속에서 하나님의 보호와 인도와 위로를 경험했다는 이야기도 많이 들려왔다.

뉴욕에 사는 앤마리는 옆집 사람이 주님을 영접하도록 20년 동안 기도했다. 친절하게 대하고 명절이면 선물을 보내고 대화도 많이 했다. 그런데 9월 11일 밤에 앤마리가 보는 앞에서 그 사람은 주님을 영접했을 뿐 아니라 성령까지 받았다. 하룻밤에 동시에 일어난 사건이다.

9·11 테러가 있고 몇 주 후에 나는 태평양 연안에 있는 대형교회에서 열린 기도세미나에 강사로 초청을 받았다.

"9·11 전에는 우리 교회가 기도하는 교회라고 말할 수 없었습니다. 하지만 지금 우리는 기도하는 법을 배우려고 성령께 마음을 열었습니다."

담임목사님이 솔직하게 털어놓았다.

여느 때 같으면 스포츠 경기를 관람하러 가는 금요일 밤인데도 수많은 교인들이 예배당을 가득 채우고 기도하는 법에 대한 강의를 2시간 동안 들었다.

다른 교회 사모님이 남편과 교회에서는 인정하지 않을 거라면서도 성령을 받을 수 있게 기도해 달라고 찾아왔다.

"주님께 너무 갈급해요. 성령께서 제게 임하시길 간절히 바랍니다. 우리 성도들을 더 잘 섬길 수 있으면 좋겠어요."

3장에 등장하는 이야기를 들려 주고 두 달 뒤에 내 친구 힐다는 남편을 심장병으로 잃었다. 하지만 30년 전에 성령을 자신의 삶으로 초청하면서 무릎 꿇고 기도했던 밤에 느꼈던 주님의 기쁨과 사랑, 성령의 위로를 느끼고 있다.

성령이라는 선물을 받고 그들의 일상생활에서 성령의 힘과 인도와 위로를 발견했던 수많은 사람들을 만나게 될 것이다. 이 책에서 성경적인 해답을 발견하고 당신을 위해 주시는 주님의 귀한 선물을 받기 바란다.

삼위일체 중 세 번째 분이신 성령님과 친밀한 관계를 누리기를 기도한다.

"성령님, 오늘 제 삶으로 당신을 초청합니다. 제게 말씀하소서. 저를 통해 사랑하소서. 오셔서 제 모든 걸음과 말과 결정을 지도하소서."

앞으로 어떤 일이 펼쳐지든 모든 상황 속에서 힘을 주시고 길을 인도하시는 성령을 의지하면 된다는 사실을 깨닫게 될 것이다.

퀸 셰러

1장

성령은 누구인가?

성령을 이렇게 받으라

> 오직 성령이 너희에게 임하시면
> 너희가 권능을 받고 예루살렘과
> 온 유대와 사마리아와 땅 끝까지 이르러
> 내 증인이 되리라 하시니라…
> 그들이 다 성령의 충만함을 받고
> 성령이 말하게 하심을 따라
> 다른 언어들로 말하기를 시작하니라
> (행 1:8, 2:4)

권능? 성령? 다른 언어? 낯설게 들리는가? 이런 주제를 대하면 무조건 피하는 사람들이 많다. 워낙 논란이 많고 이해하기도 어렵기 때문이다. 어떤 사람들은 성령을 유령처럼 현실세계와 상관없는 천상의 존재로 생각한다. 그러나 실은 정반대다.

예수님은 그를 따르는 사람들에게 자신은 평생 그들 옆에 있을 수 없지만, '또 다른 보혜사를 주서서 영원토록 그들과 함께 있게 하도록' 아버지께 간구하겠다고 하셨다 (요 14:16). 그 보혜사가 바로 삼위일체 중 성령이시다. 삼위일체 하나님은 성부와 성자와 성령 이렇게 셋이 한 분을 이루신다. 신학자인 J. I. 패커는 이렇게 설명한다.

"삼위일체는 항상 함께 있고 항상 협력하신다. 성부께서 시작하시고 성자께서 순응하시며 성령께서 그 둘의 뜻을 실행하신다. 그들의 뜻이 곧 성령의 뜻이다."[1]

성경말씀을 읽어 보면 하나님은 성령에 대해 많은 것을 가르쳐 주셨다. 이 책에서는 성령의 의미와 모든 신자에게 주어진 그 놀라운 선물이 무엇인지 살펴보겠다. 진리를 열심히 추구했던 사람의 이야기를 들어보자.

더욱 큰 갈급함

"성령이 뭐예요?"

교회에서 식사 줄에 서서 얘기하다가 주님께서 성령에 대해 말씀하셨다는 레나의 말을 듣고 케이티가 질문했다.

케이티가 궁금해 하는 걸 알고서 레나는 자신이 어떻게 성령세례를 받았고 방언을 하며 이 성령의 은사에 얼마나 갈급한지 말해 주었다.

케이티가 말했다.

"주일마다 암송하는 사도신경에 '성령'이 나오잖아요. 세례나 축도에도 나오고요. 하지만 성령에 대해 성경공부를 하거나 설교를 들어본 적이 없어요. 제가 그리스도와 누리는 관계는 분명 사실이에요. 하지만 저는 매우 갈급해요. 군대에서 간호장교로 임관하게 된 지금 저는 매우 중요한 시기를 보내고 있어요."

5주 동안 케이티는 성령에 대해 알기 위해 가능한 모든 방법을 동원했다. 어느 날 저녁에 기독장교모임에 참석한 그녀는 질문이 많았다.

"성령을 받고 싶으세요?"

그녀의 질문에 대답하면서 성경교사가 질문했다.

"네!" 케이티는 우렁차게 대답했다. 케이티는 성경교사 부부에게 기도를 받으려고 다른 방으로 자리를 옮겼다.

그들은 케이티의 머리에 안수하고 기도한 뒤에 그녀에게 성령께서 채우고 넘치시도록 기도하라고 했다. 갑자기 그녀는 감당할 수 없는 하나님의 사랑과 평안으로 벅차올랐다. 그 경험은 케이티의 태도를 완전히 바꾸어 놓았다. 다음날 동료들의 눈에도 케이티의 변화가 눈에 띄었다.

힘의 물줄기

"그 놀라운 평안은 전율이 느껴질 정도였어요. 굳이 방언을 하지 못해도 괜찮겠다는 생각이 들었죠. 하지만 제게 성령이 임하도록 기도해 준 분들은 단정 짓지 말라고 하셨어요. 그분들은 제게 성령의 은사가 무엇인지 성령의 능력과 열매를 통해 성령께서 삶 속에 일하시는 방법도 설명해 주셨죠."

6개월 후 크리스마스 파티에서 케이티는 방언의 은사를 위한 기도를 받았는데 조심스럽게 몇 단어가 나왔다.

"방언이 자연스럽게 바로 나오지는 않았어요. 제가 거부했거든요. 그런데 부부 문제로 힘든 시절 혼자서 기도하다가 방언기도를 하게 되었어요. 차츰 수월해졌죠. 제 경우에는 다른 사람들처럼 갑자기 확 부어지기보다는 성령께서 힘과 용기의 물줄기를 매일 조금씩 흘려보내시는 듯했어요."

케이티는 이 성령의 은사가 한번 받는 것으로 끝나지 않음을 깨달았다. 물론 성령을 처음 경험한 순간은 그녀가 평생 잊을 수 없는 경험이었다. 삶에서 어려움을 만날 때마다 자기 안에 있는 성령의 도움으로 성령의 힘과 지혜와 능력을 이용할 수 있었다. 오랜 세월이 흐른 지금 케이티는 모든 상황에서 방언으로 기도한다. 홀로 기도할 때는 더더욱 방언을 사용한다.

모든 자녀를 위한 하나님의 선물

부활 후 하늘로 올라가시기 직전에 예수님은 자신을 따르던 사람들에게 나타나서 하나님 아버지께서 성령을 보내신다고 약속하셨다. 이를 위해 예루살렘에서 기다리라고 하시면서 성령이 임하면 그들이 "권능을 입게 된다"고 하셨다.

권능power이란 헬라어 **두나미스**(dunamis, 이 단어에서 **다이나모**dynamo, **다이나마이트**dynamite가 나왔다)에서 유래된 말로 '능력, 힘, 행정력을 가진 사람'을 의미한다.[2] 즉 예수님 말씀은 성령께서 그들에게 복음을 들고 세상 끝까지 나갈 힘과 능력을 주신다는 뜻이다(마 28:19-20, 행 1:8).

예수의 어머니 마리아를 비롯해 많은 여인들이 다락방에서 120명의 신자들과 함께 성령의 부음을 경험했다(행 1:14 참조). 이 선물은 열두 제자들뿐만 아니라 모든 믿는 자들을 위한 것이었다. 그들은 급하고 강한 바람 같은 소리를 들었고 하늘에서 내려오는 불을 보았으며 배운 적 없는 언어로 말하기 시작했다(행 2:1-4 참조).

사도 베드로는 깜짝 놀란 사람들에게 그 현상을 설명했다.

"이 약속은 너희와 너희 자녀와 모든 먼 데 사람 곧 주 우리 하나님이 얼마든지 부르시는 자들에게 하신 것이라"(행 2:39).

역사학자들은 이 사건으로 교회시대가 시작되었다는 데 의견을 같이 한다. 그러나 방언이나 치유 등 성경에 기록된 기적들은 초대교회에만 해당되며 오늘날의 신자들과는 상관없다고 가르치는 사람들이 많다. 기적종지설 cessationism이라고 하는 이러한 견해는 우리에게 글로 된 하나님의 말씀이 있으므로 기적은 더 이상 필요 없다고 주장한다.

성령의 사역을 제한하는 이러한 가르침 때문에 수많은 그리스도인이 안타깝게도 그들의 삶에 부어질 성령의 축복을 놓쳤다. 이런 사고 때문에 케이티를 비롯한 많은 그리스도인들이 성령이 거의 언급되지 않는 교회에서 성장한 것이다.

그러나 역사를 보면 예수님이 약속하신 은사를 간절히 구하고 성령을 받은 수없이 많은 그리스도인들이 방언이라는 겉으로 드러난 기적을 경험했다. 이로써 그들은 베드로가 설교에서 언급한 '모든 먼 데 사람'에 포함되었음을 깨달았고(행 2:39) 그 축복을 기쁨으로 받았다.

성령으로 거듭남

정말로 거듭났다면 당신에게 죄를 깨닫게 하고 복음의 진리를 일깨우며 그리스도와의 친밀함으로 이끌었던 분이 바로 성령이다. 다음 말씀에서 그 진리를 확인할 수 있다.

> 너희는 다시 무서워하는 종의 영을 받지 아니하고 양자의 영을 받았으므로 우리가 아빠 아버지라고 부르짖느니라 성령이 친히 우리의 영과 더불어 우리가 하나님의 자녀인 것을 증언하시나니(롬 8:15-16).

> 그러므로 내가 너희에게 알리노니 하나님의 영으로 말하는 자는 누구든지 예수를 저주할 자라 하지 아니하고 또 성령으로 아니하고는 누구든지 예수를 주시라 할 수 없느니라(고전 12:3).

그리스도를 영접한 순간부터 성령은 당신과 함께 계신다. 그러나 우리가 여기서 말하는 성령, 즉 케이티가 받았던 성령세례는 구원의 경험 이후에 일어난다. 잭 헤이포드 목사의 설명을 보자.

성령의 능력은 받아야 하는 것이다. 자동적인 경험이 아니다. 성령은 모든 신자들 속에 내주하시며(롬 8:9) 어린아이 같은 믿음으로 성령을 받는 모든 사람에게 차고 넘치신다(요 7:37-39). 성령으로 충만하면 본인 스스로 알 수 있다. 제자들은 예수님의 말씀을 몸소 체험했다(행 1:4, 2:1-4).[3]

거룩한 약속

데비는 구원과 성령세례를 동시에 받았다.

데비는 이단종교를 믿으며 자랐다. 예수에 대해 아는 것이라고는 '좋은 사람'이며 훌륭한 본보기가 될 수 있는 분이라는 게 전부였다. 어느 날 친구와 함께 기독교 예배에 참석하게 되었다. 활기찬 찬양과 설교가 끝난 뒤에 작은 목소리가 들렸다. 그녀는 거룩한 소리임을 직감했다.

"데비야, 너를 원한다."

"네, 주님. 저도 당신을 원해요."

"내게 가까이 왔으면 좋겠구나."

"네, 주님. 저도 주님께 가까이 가고 싶어요."

예배 끝부분에 강사 목사님이 기도받고 싶은 사람들을 앞으로 초청하자 데비도 앞으로 나갔다.

"어떤 기도가 필요한가요?" 기도사역자가 물었다.

"주님께 가까이 가고 싶어요."

사역자는 데비에게 죄를 고백하고 예수님을 자신의 개인적인 주님으로 초청하라고 했다. 그 말대로 하자 데비는 이렇게 말하고 있는 자신을 발견했다. "주님, 사랑해요… 주님, 사랑해요." 그녀는 완전히 거듭난 것이다.

갑자기 배운 적도 없는 말이 입에서 나왔다. 깜짝 놀란 그녀에게 사역자는 성령세례라고 설명해 주었다. 데비는 나중에 사도행전을 읽고 그것이 무엇인지 깨달았다. 터져 나오는 기쁨을 주체할 수 없었다. 자리로 돌아가서도 계속 방언을 했다. 20년 전의 일이다.

그 후로 데비는 수많은 나라를 다니면서 성경을 가르치고 성령을 받도록 사람들을 위해 기도했다. 성령의 은사에 대해서 회의적이었던 그녀의 남편도 이스라엘을 방문했다가 극적으로 성령을 받았다. 그 후 아내와 함께 해외 선교여행을 다녔다.

데비는 당시 영적으로 굶주린 상태였다고 말한다. 그렇지 않았다면 친구를 따라 예배에 가지 않았을 것이다. 그러나 하나님은 그녀를 향한 약속을 갖고 계셨고 친구를 사용해서 그 약속을 놓치지 않게 하셨다.[4]

삶을 바꾼 단순한 기도

레슬린의 이야기는 신체적 치유를 통해 한 사람의 삶이 바뀌는 성령의 능력을 보여 준다. 그녀는 열네 살 때 극적으로 예수님을 영접하면서 신앙의 여정을 시작했다. 그러나 과거의 특정한 죄 때문에 반복해서 하나님께 용서를 구했다. 4년 뒤 대학 1학년 때 삶의 전환점을 맞이했는데 학교 도서관에서 갑자기 의식을 잃은 것이다. 그 이야기를 들어보자.

내 왼쪽 몸 전체에 마비가 시작되었다는 걸 알게 되었다. 하루하루 지날수록 마비는 심해졌다. 결국 휴학하고 검사를 받기 위해 집으로 돌아갔다. 의사들은 마비가 영구적이며 계속 심해지고 있다고 하나같이 말했다. 원인이 무엇인지 아무도 몰랐다.

나는 예수님을 알았고 10대 초반에 내 삶을 그분께 헌신했다. 그러나 똑같은 문제들 때문에 반복해서 용서를 구하는 내 스스로가 부끄러웠다. 나는 내 삶에 있는 죄의 행위를 극복할 힘이 없었다.

대학생이 되자마자 선교여행을 가서 어떤 자매를 만났는데 이제껏 보지 못한 능력이 그녀의 삶 속에 있는 것을 보았다. 나는 그런 사람에 대해서 회의적이었고 약간 무섭기도 했다. 그녀는 방언을 했는데 나는 방언이 사탄에게서 온 것이라고 배웠다. 그래서 그녀와 거리를 둔 채 절대로 그녀에게는 기도를 받지 않았다. 그러나 그녀의 삶에 넘치는 능력과 기쁨을 생각에서 떨쳐버릴 수 없었다.

열여덟 살에 영구마비를 당하고 나니까 하나님이 더욱 간절해졌다. 죄에 넌더리가 났고 앞날도 두려웠다. 이 질병을 통과해 주님께 더 가까이 가고 싶었다. 사도행전에서 성령이 임하자 제자들은 하나님의 증인이 될 능력을 받았다. 선교여행에서 만난 자매는 자기 삶에 있는 능력이 성령으로부터 왔다고 했다. 그녀가 가진 능력이 지금 상황에 절실했다.

하루는 침대에 누워서 단순히 이렇게 기도했다.

"하나님, 주님의 도움이 절실해요. 담대히 앞으로 나가고 제 삶을 장악하고 있는 듯한 죄에서 승리하려면 주님의 능력이 필요해요. 주님이 더 많이 필요해요. 오셔서 저를 성령으로 채워 주세요."

주님은 내가 구하기만을 기다리고 계셨나보다! 갑자기 따뜻한 온기가 몸에 퍼졌다. 몸이 깃털처럼 가벼워진 느낌이었다. 앞으로 무슨 일이 닥치든 주님이 함께 하신다는 확신이 생기자 미래에 대한 두려움이 사라졌다. 두려움 대신 믿음이 자리 잡았다. 성령으로 채워 주심에 감사하면서 잠이 들었다. 그 단순한 기도가 내 삶을 얼마나 놀랍게 바꾸었는지는 나 자신도 몰랐다. 당시 방언은 못했지만 하나님이 다른 은사들을 주셨음을 금세 발견했다.

잠이 든 지 몇 시간 뒤에 한 친구를 위해 기도해야 한다는 생각 때문에 잠에서 깼다. 누군가를 위해서 빨리 기도해야 한다는 급박함은 처음이었다. 한밤중에 주님이 깨우셔서 일어난 적도 없었다. 기도를 시작하자 성령께서 그 사람을 위해 기도할 제목들을 조목조목 짚어 주셨다. 전혀 모르는 사실들이었다. 생소한 경험이었지만 주님이 마음에 주신 부담으로 기도한 뒤에 다시 잠이 들었다.

다음날 밤에도 똑같은 일이 일어났다. 일주일 뒤에 주님은 그 사람에게 편지를 써서 하나님이 기도하게 하신 내용들을 알려 주라고 하셨다. 개인적으로 기도하는 것과 그 사실을 당사자에게 말하는 것은 완전히 다른 문제다! 며칠간 하나님과 씨름하다가 결국 편지를 보냈다. 친구는 내가 편지에 쓴 내용이 자신이 겪은 상황과 똑같다며 오직 하나님만이 그 일들을 말씀하실 수 있다고 답장을 보내 왔다. 내 삶이 도대체 어떻게 되가는 건지 몰라서 갑자기 겁이 덜컥 났다. 그러나 하나님이 해답을 주셨다.

연약하고 몸 반쪽이 마비된 상태였지만 나는 친구들을 만나기 위해 학교로 갔다. 친한 친구와 그녀의 룸메이트에게 내가 경험하고 있는 이상한 일들을 털어놓았다. 내 친구의 룸메이트는 성경에 예언의 은사와 지식의 말씀이 있다고 설명해 주었다. 나는 그리스도를 영접했을 때 모든 신비로운 일들과 그 영향력들을 내 삶에서 거부하고 초자연적인 것과는 상대를 안 하겠다고 결심했다. 게다가 성경에 나오는 초자연적인 일들은 초대교회 사도들과 함께 사라졌다고 배웠다. 내 분석적인 사고에 들어맞는 설명이라서 그렇게 믿는 것이 마음에 편했다.

그러나 하나님은 어제나 오늘이나 영원히 똑같은 분이라는 사실을 깨닫기 시작했다. 성령은 여전히 살아계시며… 백성들에게 여전히 능력을 주시며… 교회에 여전히 은사를 주신다. 하나님은 내가 구하거나 상상했던 것을 훨씬 뛰어넘어서 성령으로 충만하게 해달라는 내 기도에 응답하셨다. 아직 시작에 불과했다.

치유를 가져오는 성령

한 달 뒤에 하나님은 반신불수인 내 몸에 기적적인 치

유를 시작하셨다. 이틀 동안 몸이 점차 강해진다는 느낌이 들었는데 세 번째 날에 완전히 나았다. 몸도 더 이상 약하지 않았고 근육의 퇴화도 사라졌다. 기적이었다. 의사들도 설명하지 못했다.

평범한 일상생활로 돌아온 나는 성령께서 나를 얼마나 놀랍게 바꾸셨는지 깨달았다. 그 사실을 깨달을 때쯤 성령의 은사에 대해서 다시 생각하게 되었다. 친구들과 이야기하는 과정에서 하나님은 성령에 대한 그들의 생각까지 바꾸기 시작하셨다. 우리는 수업이 없는 시간에 만나서 성령의 은사에 대한 진리가 무엇인지 연구했다.

한 친구를 따라서 가정에서 열린 은사주의 기도모임에 갔을 때 평생 처음 방언으로 기도하고 찬양하는 소리를 들었다. 이제껏 들어본 적 없는 하모니가 울려 퍼졌다. 사람들의 찬양은 마치 성령의 지휘를 따르는 성가대인 것처럼 소리가 커졌다 작아졌다 했다. 모임이 열린 가정의 안주인과 한 시간 정도 대화를 나누었는데 그분은 성령과 방언에 대한 끊임없는 질문에 참을성 있게 성경말씀으로 대답해 주었다.

자정쯤 집에 돌아온 나는 곧장 방으로 가서 아까 들었던 말씀들을 다시 읽어 보았다. 말씀은 분명 방언이 그리스도를 믿는 모든 사람들에게 주어지는 성령의 은사라고 말하고 있었다. 특히 눈에 확 들어오는 구절이 있었다.

"그런즉 내 형제들아 예언하기를 사모하며 방언 말하기를 금하지 말라"(고전 14:39).

나는 종이를 꺼내서 가운데 줄을 긋고 방언의 장점과 단점을 적었다. 단점에는 지금까지 들었던 방언을 해서는 안 되는 이유들을 길게 적었다. 장점에는 방언 말하기를 금하지 말라는 성경말씀 한 구절만 적었다. 그런 뒤에 단순히 "주님, 제가 이 은사를 갖기 원하신다면 저도 갖고 싶습니다"라고 기도했다.

즉시 혼자서 생각할 때처럼 머릿속에서 어떤 말들이 들렸다. 하지만 무슨 말인지 전혀 알 수 없었다. 그래도 믿음으로 머릿속에 들리는 말들을 입 밖에 내기 시작했다. 무엇이든 처음에는 다 그렇듯이 매우 어색했다. 그렇지만 이 새로운 말로 45분 정도 기도하고 나서 잠자리에 들었다.

나는 5개월 전에 성령을 받았다. 하나님은 나를 위해 예비하신 모든 것을 받을 수 있는 자리로 나를 부드럽고 끈질기게 이끄셨다. 방언의 은사는 내 예배와 기도생활을 혁명적으로 바꾸었다. 전에는 "주님, 어떻게 기도할지 모르겠어요. 지금 제 느낌과 생각을 표현할 말이 없네요"라고 고백했지만 이제는 마음속 깊은 것까지 주님께 표현할 수 있었다.

방언의 은사 덕분에 내 기도와 찬양은 언어의 제한을 받지 않았다. 내 영도 자유로웠다. 어려운 상황에 대해 방언으로 기도하면 지혜와 명철이 생겨서 정확한 언어로 기도할 수 있게 되었다.

방언에 대한 사람들의 부정적인 말들은 전혀 사실이 아니었다. 방언은 통제할 수 없다는 말 때문에 겁이 많이 났다. 방언의 은사가 정말 하나님께로부터 왔다면 내가 굳이 시작하지 않아도 내 입에서 저절로 말이 터져 나온다는 소리도 들었다. 그러나 내가 발견한 사실로 볼 때 방언은 노래하는 것과 비슷하다. 노래를 할지 말지는 내가 결정한다. 내 의지와 상관없이 노래가 시작되거나 저절로 나오지는 않는다. 우리는 생각 속에 멜로디가 떠오르거나 노래로 마음을 표현하고 싶을 때 노래한다. 방언의 은사도 마찬가지다. 방언은 성령이 주시지만 그 은사를 받고 사용하는 것은 순전히 내 결정에 달렸다.

성령을 만난 뒤로 내 삶은 완전히 달라졌다. 2년 사이에 나는 아시아로 거처를 옮겨서 YWAM 선교사로 6년간 섬겼다. 그 사이에 남편을 만나서 결혼했으며 주님을 사랑하는 두 아이들까지 생기는 축복도 받았다. 20년 넘게 하나님의 은혜와 성령의 변화시키는 능력으로 주님을 섬기고 있다. 그 어느 때보다 지금 이 순간 성령을 더욱 갈망한다. 나는 다른 사람들의 삶에서 일하시는 성령과 동역하는 방법을 좀더 알고 싶다. 삶을 바꾸고 예수 그리스도의 형상으로 변화시키는 하나님의 능력을 더욱 경험하고 싶다.

하나님은 왜 방언을 택하셨는가?

"성령은 원하지만 방언을 하고 싶지는 않아. 하나님은 대체 왜 방언을 택하셨을까?"

방언이 많은 사람들에게 걸림돌이 되기도 한다. J. 로드만 윌리엄스가 이런 질문에 해답을 제시한다.

오순절 사건(행 2:7-11, 10:44-47)에서 방언은 평범한 말이 아니다. 모국어가 아닌 말로 하나님을 경배하는 것이다. 따라서 방언이란 '초월적인 찬양'이라고 할 수 있다. 평범한 능력이나 경험을 뛰어넘는 찬양 말이다.

…일상 언어나 음악은 하나님이 주신 선물의 경이로움을 선포하기에 적합하지 않을 수도 있다… 하나님의 풍성한 영

적 은사를 경험하기에 훨씬 적합한 언어가 있을 것이다. 인간의 말로는 불가능하다. 그런데 하나님은 성령을 통해서 이제까지의 모든 말과 노래를 뛰어넘으셨고 새로운 언어를 보내셨다!⁵

인간의 생각으로는 하나님의 모든 목적을 이해할 수 없다. 하나님의 고유권한이기 때문이다. 그러나 성경은 하나님이 맨 처음 언어로 혼란시키셨던 이유를 설명한다. 모든 통제권을 쥐고자 했던 사악한 인간들이 바벨탑을 짓기 시작했던 것이다. 하나님은 이렇게 반응하셨다.

여호와께서 이르시되 이 무리가 한 족속이요 언어도 하나이므로 이같이 시작하였으니 이 후로는 그 하고자 하는 일을 막을 수 없으리로다 자, 우리가 내려가서 거기서 그들의 언어를 혼잡하게 하여 그들이 서로 알아듣지 못하게 하자 하시고 여호와께서 거기서 그들을 온 지면에 흩으셨으므로 그들이 그 도시를 건설하기를 그쳤더라 그러므로 그 이름을 바벨이라 하니 이는 여호와께서 거기서 온 땅의 언어를 혼잡하게 하셨음이니라 여호와께서 거기서 그들을 온 지면에 흩으셨더라(창 11:6-9).

유명한 19세기 성경학자는 창세기 11장에 대해 하나님은 심판의 표현으로 언어를 혼란시키셨다고 설명한다. 사도행전 2장에서 다양한 방언을 주신 것은 은혜의 표현이었다. 요한계시록 7장에서 우리는 모든 방언이 영광 중에 어린 양 주위로 모이는 것을 본다.[6]

오순절운동의 선구자라고 할 수 있는 찰스 파햄Charles F. Parham의 손녀이자 성경학자인 로버타 흐로마스Roberta Hromas는 이렇게 말한다.

"하나님이 불의 손가락으로 다락방에 있던 각 사람에게 불을 내리셨을 때 그는 사람들의 마음속에 사랑의 법칙을 새로 쓰셨다. 바벨탑에서 주셨던 언어들을 대체하는 새로운 언어도 주셨다. 과거의 언어는 혼란과 경쟁을 가져왔지만 사랑의 법칙의 언어를 새로 받은 우리는 바벨탑의 혼란이나 경쟁을 겪을 필요가 없다."

감정주의가 아닐까?

성령이 나타나는 현상에 대해 우려하는 쪽에서는 사람들이 지나치게 감정적으로 흐를 수 있다고 주장한다. 물론 감정을 오용할 수도 있다. 성령을 받았다고 해서 순식간에 완전해지지는 않는다. 특정 은사만 지나치게 강조한다거나 영적 교만에 빠지거나 미숙하고 형편없는 판단을 내리는 등 실수를 저지르기도 한다. 그렇다고 현대 그리스도인들의 삶에서 일어나는 성령의 역사를 신뢰할 수 없다는 말은 아니다.

나(퀸)는 1970년대 초반에 남편의 사무실에서 열린 크리스마스 파티를 기억한다. 그때는 성령을 받기 전이었다. 남편 동료의 부인은 자신을 이렇게 소개했다.

"안녕하세요, 저는 베스입니다. 저는 성령세례를 받았어요. 성령을 받으면 삶이 얼마나 달라지는지 알려드릴까요?"

나를 포함해서 사람들은 되도록 그녀로부터 떨어지려고 노력했다. 그러나 그녀의 말은 이렇게 요약할 수 있었다.

"주님을 찬양해요. 예수님 감사해요."

당시 성령을 경험해 보지 못한 사람으로서 나는 그녀에게 제정신이냐고까지 물어봤다. 그녀가 하나님의 인도를 따라 마음이 준비되고 열린 사람에게 말하는 게 훨씬 좋지 않을까 싶었다.

1년 뒤에 나는 그녀의 말을 들을 준비가 되었다. 그런데 감사하게도 그녀도 성숙해서 자기 삶이 달라진 경험을 내가 이해할 수 있게 설명할 수 있었다.

지나치다 싶은 상황을 마주쳤더라도 그것 때문에 성령 받는 축복을 거부해서는 안 된다. 베스와의 불편한 만남 때문에 성령받기를 포기하지 않은 것이 얼마나 다행인지 모른다.

책 뒷부분에서 피해야 할 함정들을 다루겠다. 당신 안에 거하기를 바라고 항상 당신을 인도하시는 성령과 친해지기를 바란다. 다음 장에서는 성령께서 당신의 삶에 일으키시는 변화들을 살펴볼 것이다.

기도

주님, 제 삶에서 성령이 얼마나 중요한지 분명히 깨닫도록 도와주셔서 감사합니다. 주님이 주시는 이 은사에 대해 더 많이 알고 싶습니다. 성령이 알려 주시는 말씀의 진리를 적용하도록 도와주십시오. 아멘.

2장

모든 변화가
성령 때문인가?

성령을 이렇게 받으라

> 그들이 내려가서 그들을 위하여
> 성령 받기를 기도하니
> 이는 아직 한 사람에게도
> 성령 내리신 일이 없고
> 오직 주 예수의 이름으로
> 세례만 받을 뿐이더라
> 이에 두 사도가 그들에게 안수하매
> 성령을 받는지라
> (행 8:15-17)

성령을 초청해 우리 삶에서 더 깊이 일하시게 할 때 하나님을 갈망하는 사람은 더 깊은 차원의 친밀함을 누릴 수 있다. 플로리다 주 데스틴의 작은 교회에서 어느 날 밤에 내(퀸)가 경험한 것이 바로 그랬다. 나는 성령께서 모든 믿는 자들 안에 온전히 내주하기 원하신다는 사실을 깨닫고 놀라지 않을 수 없었다.

새로운 진실이 드러나다

예배가 매우 낯설었다. 사람들이 손을 들고 하나님을

찬양했고 성경말씀으로 노래했다. 얼굴을 찡그리며 어머니께 이상하다는 눈짓을 보냈다.

"성경말씀으로 하는 찬양이야."

어머니는 웃으시더니 같이 따라 부르셨다.

나는 어머니와 함께 세인트앤드루스 성공회교회에 왔다. 어머니는 목요일 밤을 보내는 데 이보다 좋은 곳이 없다고 하셨다. 여기서 새로 사귄 친구들도 소개시켜 주고 싶다고 하셨다.

나는 성공회는 아니지만 예식을 중시하는 교회에서 자랐다. 이제껏 예수님을 사랑하지 않거나 하나님 아버지께 기도하지 않았던 적은 기억에 없다. 그러나 공식기도문이나 송영 때를 제외하고는 성령을 말한 적이 거의 없다. 정해진 예배형식에 익숙했다. 시작기도, 찬송가 3곡, 헌금시간, 설교 20분, 축도, 끝. 주일 아침에 1시간 예배를 드리고 나면 점심을 먹었다.

30대가 된 나는 세 아이들을 똑같은 전통 교회에서 키우고 있었다. 그런데 사람들이 일어서서 예배하는 이 작은 교회에서 난생 처음 성령의 임재를 느꼈다.

다 큰 남자가 두 손을 들고 부드럽게 찬양하는데 뺨으로 눈물이 흘렀다. 그는 속삭였다. "예수님, 사랑해요. 예수님, 찬양해요. 예수님, 하늘로 가는 길을 보여 주셔서 감사해요." 그 모습이 나를 사로잡았다. 예배는 2시간 넘게 지속되었는데 몇 분밖에 지나지 않은 듯했다. 이 사람들은 내가 모르는 깊이까지 예수님을 알고 있다는 생각이 들었다. 그들이 가진 것을 나도 경험하고 싶었다.

예배가 끝난 뒤에 체면을 무릅쓰고 포레스트 모블리 목사님께 질문했다.

"저를 비롯한 다른 그리스도인들과 여기 있는 사람들이 다른 이유가 뭐죠? 저는 지금까지 주일학교 교사도 했고 예수님을 구세주로 믿어요. 하지만 이 사람들처럼 예배하지는 않아요. 어떻게 하면 이렇게 예배할 수 있나요?"

목사님이 말씀하셨다.

"목요일 저녁예배에 오는 사람들은 대부분 성령을 받았습니다. 예수님이 하늘로 올라가시기 전에 그를 따르는 제자들에게 주겠다고 하신 선물이지요."

"그러면 저도 받을 수 있나요?"

"물론이죠. 목요일 예배 후에 더 알고 싶은 사람들은 제 사무실로 모입니다. 일단 설명을 한 뒤에 권능으로 충만하도록 기도를 해줍니다. 예수님 말씀을 빌자면 '성령으로 충만하도록' 기도하죠."

"좀더 생각해 봐야겠어요." 목사님과 악수하면서 말했다. 문득 궁금했다. '여기서 말하는 성령과 우리 교회에서 부르는 송영에 나오는 성령이 똑같은 분인가?'

갑작스런 목사님 말씀에 생각이 멈췄다.

"더 알고 싶으시면, 사도행전 1장부터 4장까지 읽은 뒤에 다시 와서 궁금한 점을 물어보세요. 단 열린 마음으로 읽어야 돼요. 진실을 보여 주시도록 하나님께 간구하면서 읽으세요."

열흘 동안 어머니 댁에 있을 예정이므로 읽어보겠다고 약속하고 자리를 떠났다.

치유 기도

다음날 세인트앤드루스 교인들이 모인 가정기도모임에 참석했다. 열 명 남짓한 사람들이 앉아서 기도하는데 갑자기 전화벨이 울렸다. 집주인인 베티가 전화를 받으러 나간 동안 다른 사람들은 계속 기도했다. 나만 빼고 다들 열심히 기도했다. 나는 소리 내어 기도하는 것이 익숙하지 않아서 그저 듣고만 있었다.

이제껏 들어보지 못한 말로 부드럽게 기도하는 사람들

도 있었고, 빌이라는 사람을 고쳐 주셔서 감사하다고 기도하는 사람도 있었다. 사람들은 친한 친구인양 하나님과 대화를 나누었다. 그 모습이 부러우면서도 당혹스러웠다. 베티가 돌아와서 말했다. "빌 랜스 씨에 대한 전화예요. 미시시피 공군병원 의사들이 오늘밤을 넘기기 힘들다고 했답니다. 빌의 생명을 위해 합심해 기도합시다."

다른 사람들이 듣는 가운데 베티가 소리 내어 기도했다. "주님, 저희 교회에서 빌을 위한 치유예배가 있었습니다. 의사들이 뭐라고 하든 주님께서 빌을 회복시키고 계심을 믿습니다. 빌을 고쳐 주셔서 감사합니다."

다른 사람이 큰 소리로 외쳤다.

"사탄아, 사탄의 세력들은 빌 랜스를 취할 수 없음을 분명히 말린다. 빌은 하나님의 자녀다. 빌이 완전히 낫도록 우리가 막아서겠다. 질병의 영아, 예수의 이름으로 떠나라."

베티가 내게 오더니 빌 랜스 씨는 이제 갓 그리스도인이 되었다고 살짝 귀띔해 주었다. 31세의 공군장교인데 근처 기지에서 근무하고 있었다.

"두 아이의 아빠인데 의사들은 빌이 급성백혈병으로 곧 죽을 거라고 해요. 오늘밤이 고비라서 기도대원들이 곳곳에 모였어요. 우리는 하나님이 빌을 고쳐 주신다고 확신해요. 빌도 그런 확신을 받았어요. 우리는 계속 기도할 거예요."

나도 고개를 숙이고 기도했다.

"주님, 베티의 기도와 사람들의 기도를 들어 주세요. 단 제 기도는 빼주세요. 주님이 오늘 고쳐 주실지 확신이 없거든요. 하지만 기꺼이 배우겠어요. 주님, 보여 주세요."

여전히 당황스러웠다. 하나님이 지금도 병을 고치신단 말인가? 우리 교회에서는 신약성경에 나오는 사도들에게만 치유가 가능하다고 가르쳤다. 그러나 여기 모여서 기도하는 사람들 속에서 역동적인 무언가를 느낄 수 있었다.

모임이 끝나기 전에 나도 이 사람들처럼 개인적으로 예수님을 알고 싶다는 생각이 들었다. 나만의 기도언어로 기도하고 찬양하고 싶었다.

잊을 수 없는 밤

예수님을 내 구세주로 알았지만 솔직히 그분을 삶의 주님으로 모시지는 않았다. 다음 주 목요일 예배에 참석한 후에 사람들을 따라서 목사님의 설명을 들으러 갔다.

"열한 명의 제자들은 3년 동안 예수님과 거의 항상 같이 있었지만 예수님은 '너희는 위로부터 능력으로 입혀질 때까지 이 성에 머물라'고 하셨습니다"(눅 24:49).

목사님이 설명하셨다. "왜일까요? 예수님이 하늘로 올라가신 뒤에는 성령의 능력이 필요하기 때문입니다. 오늘 밤 우리는 함께 기도할 것입니다. 죄를 고백하고 성령이 우리 삶을 주장하시도록 기도합니다. 새로운 기도언어를 받을 겁니다. 방언기도가 우리 생각을 관통하며 성령을 통해 영으로 하나님과 대화하게 될 것입니다."

30년 전 모블리 목사님의 사무실에서 배웠던 성경의 교훈은 내 삶을 완전히 바꾸었다. 목사님은 각 사람에게 다음과 같은 기도를 시키셨다.

> 예수님을 제 주님이자 구세주로 인정합니다. 제가 지은 죄를 용서해 주세요. 제가 했던 나쁜 일들, 해야 하는데 하지 않았던 일들을 용서해 주세요. 제가 기억하지 못하는 것들까지 용서해 주세요. 제게 상처와 아픔을 주었던 모든 사람을 용서하기로 선택합니다. 그들을 용서하지 못하고 붙들었던 모든 속박에서 그들을 풀어 주겠습니다. 방언하는 사람을 조롱한 적이 있었다면 용서해 주세요. 주님, 제 죄에 대한 주님의 용서를 받아들입니다.

제가 알면서 했든 모르고 했든 별점을 보고 주술에 참여하고 타로게임을 하고 독심술을 하고 점을 보는 등 어둠의 나라나 신비주의와 연결된 모든 것을 끊습니다. 마귀와 그의 모든 일들을 거부합니다. 주님, 성령을 부으시고 새로운 언어로 말하게 하십시오. 예수 그리스도의 이름으로 믿고 받겠습니다. 아멘.

모블리 목사님은 각 사람에게 안수하시며 고린도전서 12장 8-10절에 나오는 영적 은사가 우리에게 풀어지도록 기도하셨다. 그 은사들은 지혜의 말씀, 지식의 말씀, 믿음, 병 고치는 은사, 능력 행함, 예언, 영 분별, 각종 방언 말함, 방언 통역이다. 그런 뒤에 목사님은 갈라디아서 5장에 나오는 성령의 열매를 주시도록 하나님께 간구했다.

내 입에서는 소심하게 세 마디 정도 낯선 말이 나왔다. 너무 유치하게 들렸다. 이게 방언기도일까? 내가 만들어 낸 것이 아닐까? 모임 후에 목사님이 해주신 경고의 말 때문에 얼마나 기뻤는지 모른다.

"오늘밤에 방언을 하지 않았다는 마귀의 말에 속지 마세요. 하나님은 성령의 은사를 여러분에게 주셨습니다. 아기가 말을 처음 배울 때는 몇 마디밖에 못 하듯이 기도언어도 처음에는 몇 마디로 시작했다가 점점 더 확장되고 변합니다."

내 평생 절대로 잊을 수 없는 밤이었다. 하나님과 사람들을 향한 강렬한 사랑이 나를 휘어잡기 시작했다. 특히 열두 살 때 우리 가족을 버리고 떠났던 아버지를 향한 사랑과 용서의 마음이 부어졌다.

가정에 풀어진 성령

며칠 뒤 어머니 댁을 떠날 때쯤 나는 확연히 달라져 있었다. 훨씬 많이 웃었고 새로운 갈급함으로 성경을 공부했다. 친한 친구들의 치유를 위한 기도도 시작했다. 놀랍게도 몇 명은 즉시 나았다!

성령이 매우 실제적으로 느껴졌다. 익숙한 찬송가 가사들이 새로운 의미로 다가왔다. 웨스트민스터 요리문답의 첫 번째 질문도 새롭게 깨달았다.

문 사람의 제일 되는 목적이 무엇인가?
답 사람의 제일 되는 목적은 하나님을 영화롭게 하는 것과 영원토록 그를 즐거워하는 것이다.

어릴 때는 무작정 외웠지만 이제는 하나님을 영화롭게 하는 것이 무엇인지 몸소 깨달았다. 내 삶에 계신 하나님의 임재도 즐겁게 누릴 수 있었다. 교회에서 장로로 섬기던 남편은 나를 6개월 동안 지켜보더니 어느 날 문득 부엌에 있는 내 뒤로 와서 가만히 두 팔로 안으며 말했다.

"지난 여름 처가에 갔을 때 당신에게 무슨 일이 있었는지 모르지만 나도 그게 필요해. 당신은 정말 많이 달라졌어. 나도 똑같은 경험을 하고 싶어."

내가 웃으며 말했다.

"성령세례라는 거야. 당신이 성령을 받게 하려면 어떻게 해야 하는지 잘 모르겠어. 나도 아직 초보거든. 아는 목사님이 있는데 그분께 전화해서 기도해 달라고 해보자."

특별 기도를 받은 뒤에 남편도 성령을 받고 방언을 하게 되었다. 남편은 전과 다르게 사람들을 사랑하고 격려하기 시작했다.

이제는 내가 어느 집회에 가고 싶다고 하면 몇 시간이 떨어진 곳이라도 기꺼이 운전해서 데려다 주었다. 우리끼리만 가는 것도 아니다. 우리 아이들과 성령이 갈급한 사람들까지 태워서 갔다. 머지않아 우리 집에서 일주일에 두 번 성경공부모임이 시작되었다.

기적 이야기

이듬해 여름 어머니 댁을 다시 방문했다. 모블리 목사님을 뵈려고 교회 사무실에 들렀다.

"퀸, 이리 와서 빌 랜스 씨와 인사해요. 빌의 간증을 글로 써보는 게 좋겠어요. 우리 교회에서 치유의 기적이 처음 일어났어요." 나를 보더니 목사님이 큰 소리로 말씀하셨다. "작년에 빌의 백혈병을 고쳐 주시도록 우리 모두 열심히 기도했잖아요! 기억해요?"

나는 목사님을 따라 교회 도서관으로 갔다. 성긴 머리카락에 수척한 남자를 만나리라 생각했다. 그러나 청바지에 스포츠 셔츠를 입은 그는 힘차게 악수했다. 그의 둥근 얼굴은 활기와 행복으로 빛났고 머리숱도 많았다. 얼마 후 나는 그의 치유 이야기를 글로 적었다. 그 이야기로 〈가이드포스트〉지의 글쓰기대회에서 상을 수상했다. 덕분에 뉴욕에서 훌륭한 크리스천 작가들로부터 글쓰기에 대해 배울 기회도 얻었다.

오랜 세월이 흐른 지금도 빌 랜스는 매우 건강하게 지내고 있다. 개인 사업을 시작했고 우리 집과 그리 멀지 않은 콜로라도에 살고 있다. 모블리 목사님은 지금도 성령을 받도록 사람들을 위해 기도하신다.

나는 더 이상 사람들에게 예수님을 소개하거나 치유를 위해 기도하는 것을 망설이지 않는다. 몇 마디에 불과했던 내 기도언어는 이제 확실히 유창해졌다. 이 은사를 받도록 수많은 사람들에게 기도해 주기도 했다.

증인의 능력

예수님은 사도들에게 그들이 성령을 받은 뒤에 권능을 받고 그의 증인이 된다고 하셨다(행 1:8 참조). 이제 나는 주님을 전하고 사람들과 기도할 담대함이 생겼다. 전에는 전혀 그렇지 않았다. 학교 선생님들, 교장선생님, 집배원, 정육점 주인, 슈퍼에서 만난 사람들과도 거리낌 없이 이야기했다. 심지어 신문 편집장에게 매주 금요일마다 "믿음의 요새"라는 제목으로 지역 목회자들의 간증이나 지역교회 관련 기사들을 쓰게 해달라고 요청하는 담대함까지 생겼다. 그 덕에 우리 도시의 거의 모든 목회자들을 만날 수 있었다. 나는 예수님과 그분을 향한 새로운 사랑에 대해서 이야기하고 싶었다.

친한 친구인 립Lib과 그녀의 남편도 우리 부부와 함께 집회에 여러 번 참석했는데 몇 달 동안 호기심 가득한 눈으로 지켜보더니 마침내 입을 열었다. 성령세례를 받고 싶다고 했다. "하지만 나는 아직 부족한 것 같아. 예수님께 이 은사를 달라고 어떻게 감히 말하겠어?" 계속 이런 말만 했다. 그녀를 위한 것이라고 아무리 말해도 들으려 하지 않았다.

하루는 그녀가 눈물을 펑펑 흘리고 있기에 말했다.

"립, 물론 너는 지금 부족해. 그런데 나도 부족해. 부족하지 않은 사람은 없어. 하나님 아버지께서 자녀들에게 좋은 것을 주겠다고 하셨잖아. 너는 그분의 자녀야. 마땅히 주님이 주시는 선물을 받을 자격이 있어. 성령께서는 네게 조력자이자 교사이자 격려자가 되기를 바라셔. 너를 통해 기도하고 싶어하시지. 혼자 있을 때 주님께 여쭤 봐."

"알겠어. 그럴게."

얼마 후 립과 남편 진Gene이 수요일 저녁예배에 참석했는데 성령께서 둘에게 동시에 임하셨다. 둘은 흐느껴 울기 시작했다. 성령께 순복하자 그들만의 기도언어도 받았다.

그 뒤로 립과 나는 매일 오전 8시에 5분 동안 전화로 함께 기도하기 시작했다. 우리 아이들을 위한 기도가 주목적이다. 우리 남편은 물론이고 제일 친한 친구까지 성령

충만을 마음껏 누리게 되어 얼마나 기쁜지 모른다. 립과 나는 오랫동안 좋은 기도 파트너로 지내고 있다.

안식과 풀어냄

성령세례를 받고 나서 나는 존 쉐릴의 〈성령님을 찾아서〉를 구해서 열심히 읽었다. 당시만 해도 성령이 현대 그리스도인의 삶을 어떻게 바꾸는지 알려 주는 책들이 많지 않았다. 존 쉐릴은 주류 교단 소속이었기 때문에 나는 그의 말을 존중했다. 나는 책을 여러 권 구입해서 사람들에게 나눠 주었다.

쉐릴의 책에는 그가 만난 사람들의 간증이 있었다.

"방언이 무슨 일을 합니까?"라는 질문에 어떤 부인은 이렇게 대답했다. "파랑새와 저녁 노을은 무슨 일을 합니까? 순전한 활력과 말할 수 없는 기쁨, 힘과 평안과 안식, 모든 부담과 긴장에서 해방되는 느낌을 주죠."[1]

어떤 목회자는 여행하는 동안 자신이 휴식하는 방법을 이야기했다. "눈을 감고 성령으로 기도합니다. 그렇게 밤새도록 기도합니다. 잠시 깼다가 다시 잠이 들기도 하지요. 계속 기도합니다. 잠을 많이 자지는 못하지만 충분한

휴식을 얻을 수 있어요. 다음날 아침이면 새로운 힘으로 하루 일을 감당할 준비를 갖게 돼요."[2]

책을 읽은 뒤 혹시라도 밤에 일어나면 방언으로 기도했다. 그랬더니 아주 상쾌한 기분으로 일어날 수 있었다. 이렇게 기도할 때 두 가지가 일어난다는 사실을 알았다. 첫째, 성령 안에서 나 자신을 세운다(유다서 20절 참조). 둘째, 누군가를 위해 성령 안에서 중보기도를 한다(롬 8:27 참조).

쉐릴의 책은 큰 격려가 되었다. 그는 기자의 입장에서 방언이라는 주제에 접근했다가 결국 그 자신이 성령세례를 받았다. 성령받은 사람들을 만나서 대화를 나눈 뒤에 그는 이런 결론을 내렸다.

> 성령과의 다양한 경험에는 한 가지 공통점이 있다. 성령이 조용히 임하든 격렬하게 임하든 뜻밖에 왔든 오랜 간구 끝에 왔든 궁극적인 결과로 그 사람은 그리스도께 더 가까이 나간다. 예수님은 더 이상 역사책에만 나오는 인물로 여겨지지 않았다. 산꼭대기에서 경험했던 추억 속의 인물도 아니다. 성령님은 성령을 받은 사람과 매 순간 함께 하시며 그리스도의 본질과 품성을 계속해서 보이신다.[3]

이 선물에 어떻게 반응할까?

성령을 다양한 방법으로 설명할 수 있지만 예수님은 성령을 선물이라고 하셨다. 예수 그리스도를 구세주로 영접하고 성령의 선물을 구하는 사람은 누구나 그것을 받을 자격이 있다.

이 선물을 받았을 때 보이는 반응만큼이나 성령이 우리 삶에서 일하시는 방법도 다양하다. 앞에서 나누었던 케이티의 경우 성령은 그녀에게 지탱할 힘을 주셨다. 사람들이 성령을 받았을 때의 느낌과 반응을 들어보자.

- "예수님의 사랑에 사로잡혀서 그분 품 안에 영원히 머물고 싶었어요." 도로시의 말이다. "결혼식, 첫째 아이를 품에 안은 날, 최고의 크리스마스 이 세 가지를 모두 한 번에 경험하는 느낌이라고 할까요? 거리를 다니면서 내 삶의 주이신 예수님을 모두에게 전하고 싶었어요."

- 렉스는 과거에 깡패이자 마약밀매상으로 지냈던 '죄의 짐'과 유혹 때문에 고통이 끊이지 않았다. 그래서 삶에 성령의 능력이 필요했다. 영적 어머니로부터 성령 충만을 위한

기도를 받자 하나님을 향한 사랑과 자신을 향한 하나님의 사랑이 마음 깊은 곳에서 차오름을 느낄 수 있었다.

"며칠 뒤 저는 무릎을 꿇고 저 같은 사람을 구원하신 예수님을 경배하게 되었어요. 할 말이 떠오르지 않을 때 갑자기 아름다운 언어가 입에서 터져 나왔어요. 기도로 주님을 경배하고 있었어요. 그런데 믿음으로 입을 움직이고 하늘의 언어가 나오도록 선택하는 것은 제 몫이에요.

지난 25년 동안 성령으로 하는 기도를 중단한 적이 없어요. 성령께서는 제가 경험한 예수님을 사람들에게 나누는 담대함도 주셨지요. 하나님으로 새롭게 채워졌다는 참된 증거는 더욱 깊고 투명한 예수님을 향한 사랑이에요. 그분의 사랑이 가장 중요한 열쇠죠."

■ 크레이그는 심리적 위기 가운데서 주님을 영접한 뒤에 하나님을 더욱 친밀하게 알고 싶은 갈급함이 커졌다. 그는 교회에 출석하기 시작했고 주님께 더 가까이 나아갈 수 있게 기도를 받으려고 제단 앞으로 나가기도 했다. 그러나 목사님은 주일에 버스운전 봉사를 하라는 말씀이 전부였다. 밤에 근무하는 레스토랑에서 일을 배우는 동안 오토라는 그리스도인을 만났다.

오토는 크레이그에게 성령을 소개하면서 가정기도모임에 초대했다. 출근 때문에 모임을 떠나면서 그는 사람들이 말하는 것을 경험하고 싶은 열망이 생겼다. 그날 저녁, 직장에서 방언에 대한 두려움과 의심과 싸움을 벌였다. 그런데 그의 친구 오토가 레스토랑으로 들어오는 게 아닌가!

"자네가 지금 씨름 중이라고 주님이 알려 주셨어. 성령에 대한 궁금증을 풀어 주고 자네와 기도하려고 왔지."

몇 주 뒤 운전하면서 기도하는 중에 크레이그는 차 안에 하나님의 임재를 느꼈다. 크레이그가 고백했다.

"하나님의 사랑의 파도가 덮치자 흐느껴 울기 시작했어요. 주님을 경배하는데 이제껏 듣지 못한 언어가 나왔어요. 그 이후 주님과의 경험이 더욱 깊어졌어요. 하나님은 마약중독의 오랜 영향력에서 저를 완전히 회복시키셨죠."

■ 14세 때 성령을 받은 쎄씨는 삶이 완전히 바뀌었다.

"성경을 향한 깊은 굶주림이 있었어요. 늘 부족한 느낌이었죠. 많은 친구들을 주님께 인도했어요. 시간이 흐르면서 성경에 대한 지식도 자랐어요. 엄마도 무슨 일인지 이해하시지는 못했지만 저를 묵묵히 지켜봐 주셨어요. 제 삶에 보이는 열매를 보고 좋아하셨죠. 저는 반항적인 10대가 되지 않았거든요."

■ 린에게는 음악으로 찾아왔다.

"피아노를 칠 때 성령이 주시는 멜로디로 연주하고 저만의 기도언어로 하나님을 찬양해요. 성령을 받은 뒤에 생긴 새로운 경험이에요."

■ 어릴 때 학대를 받아 사랑받는 것이 무엇인지 배우지 못한 케이는 그리스도인으로 사는 것이 너무 힘들다는 결론에 이르렀다. 그냥 포기해야겠다 싶었다. 힘든 시간을 보내던 중 어느 목사님이 그녀에게 안수하면서 성령을 받도록 기도해 주셨다.

4년 뒤 하나님의 임재가 그녀의 차를 급습했다. 차를 도로 한쪽에 세우고 케이는 2시간 넘게 방언으로 기도했다. 그러는 동안 주님과 걸어가는 데 걸림돌이 되었던 모든 속박에서 해방됨을 느꼈다. 집으로 돌아온 뒤에도 사흘 동안 거의 계속 방언으로 기도했다.

"제 힘으로 극복하려는 노력을 포기하기로 했어요. 성령께 순복하고 제 마음에서 마음껏 일하시게 했더니 이제는 편안하게 하나님의 우정과 임재를 누리게 되었어요. 하나님 아버지께서 저를 있는 모습 그대로 사랑하고 용납하신다는 사실도 알아요."

■ 사도행전을 읽고 도전을 받은 다이앤은 자신에게 능력이 부족함을 깨달았다.

"성령은 능력임을 알았어요. 방언을 하게 되니까 사람들에게 주님을 전할 담대함이 생겼어요. 더러운 영으로 억압받는 사람들을 구하는 데 필요한 힘도 생겼죠. 평신도가 사람을 괴롭히는 악한 영으로부터 사람들을 해방시킬 수 있다는 사실을 전에는 몰랐어요."

■ 로버트는 성령이 그의 아내를 바꾸시는 모습을 몇 달간 유심히 관찰한 뒤에 자신도 하나님께 가까이 나가고 싶다는 마음이 생겼다. 그는 친구와 함께 60마일 정도 떨어진 교회로 가서 목사님과 지도자들에게 성령을 받을 수 있게 기도해 달라고 했다. 그는 성령을 받았다는 믿음으로 집에 돌아왔으나 아직 기도언어는 받지 못한 상태였다. 그런데 다음날 아침 출근길에 이제껏 들어보지 못한 말이 터져 나와서 하나님을 찬양하기 시작했다. 그 뒤로 그는 매일 아침 출근길에 방언으로 기도한다.

■ 마사는 하늘의 언어로 하는 기도의 아름다움에 대한 책을 읽고 나서 성령을 경험했다. 성령세례를 위해 여러 차례 간

구했다. 주님과 단둘이 있으려고 숲에 혼자 가기도 했다. 마침내 이런 결론을 내렸다. "나는 성령세례를 받지 못할 사람인가보다. 아무리 기도해도 아무 일이 안 일어나잖아."

그날 밤 그녀는 무릎을 꿇고 기도했다. "오, 하나님…" 갑자기 이상한 말이 몇 마디 들렸다. "더 이상 생각하지 않을 거예요." 그녀는 깜짝 놀라서 말했다. "하지만 내일 아침에 일어나서도 똑같은 말을 한다면 방언을 받았다고 믿을게요." 다음날 일어나서 하나님을 찬양하는데 어제와 똑같은 말이 나오는 게 아닌가!

"하나님의 임재와 거룩함에 압도되었어요. 하나님을 찬양하는 수단으로 방언을 주셨다고 생각했죠. 그 후 5년 동안 저는 찬양할 때만 방언을 하는 줄 알았어요. 사람들에게 기도해 주거나 혼자 기도하거나 방언을 통역할 때도 방언을 사용하는지 몰랐어요. 50년 동안 그리스도인으로 살았지만 이제야 성령세례를 경험했어요. 좀더 일찍 알았다면 얼마나 좋을까요? 하지만 알려 준 사람이 없었어요."

■ 정통파 유대교에서 자란 글로리아는 하나님께 오랫동안 반항하다가 결국 그리스도를 영접했다. 개종하고 3주 후 성령세례에 대한 책을 읽다가 자연스럽게 방언이 터져 나왔다.

그녀의 영적 어머니는 신약성경을 보면 오순절에 방언이 일어났고 그녀의 경험은 지극히 성경적이라고 설명했다. 그녀는 자신의 제한된 기도언어를 계속 사용했다. 그런데 며칠 뒤에 놀라운 일이 벌어졌다.

"갑자기 방언 찬양이 터졌는데 이제껏 들어본 중에서 가장 영광스러운 히브리어가 제 입에서 나오는 거예요."

히브리어를 할 줄은 몰랐지만 오랫동안 회당에 출석했기 때문에 히브리어인지는 구별할 수 있었다.

"마치 회당에 앉아 있는 기분이었어요. 방언으로 말하면서 예수님과의 만남을 더욱 확신하게 되었어요. 누구든 예수님을 영접하면 더 이상 유대인이 아니라고 생각했거든요. 그런데 제 자신이 그리스도인이 되고 보니 예수님을 영접해도 유대인이라는 사실은 달라지지 않아요. 이제는 하나님 말씀이 살아 있는 말씀으로 다가와요."

사람마다 경험은 다양하지만 몇 가지 공통점이 있다.

- 성령을 받기 전에 그리스도를 구주로 영접했다(행 8:15-17 참조).
- 주님과의 더 깊은 관계를 갈망했다.

■ 성령과의 만남은 각 사람의 개인적 필요와 특성에 따라 그들의 삶에 영향을 미쳤다.

성령의 역할

성령께 굴복한 사람들의 삶에서 역사하시는 성령의 역할에 대한 성경말씀을 찾아보자.

- 성령은 구원을 확증시킨다(롬 8:16, 요일 3:24; 4:13).
- 성령은 생명을 준다(롬 8:5-11).
- 성령은 기쁨을 준다(행 13:52, 롬 14:17).
- 성령은 소망을 준다(롬 15:13, 살전 1:6).
- 성령은 해방시킨다(롬 8:1-2).
- 성령은 죄를 극복할 힘을 준다(롬 8:9-11, 갈 5:16).
- 성령은 그리스도 안에서 우리 기업을 보증하신다 (고후 1:22, 엡 1:13-14).
- 성령은 우리를 통해 말씀하신다(마 10:19-20).
- 성령은 가르치신다(눅 12:12, 요 14:26, 고전 2:13).
- 성령은 위로하신다(요 14:16).
- 성령은 예수님을 증언하신다(요 15:26, 요일 5:6).

- 성령은 죄를 깨닫게 하신다(요 16:7-8).
- 성령은 말씀하시고 인도하신다(요 16:13, 행 10:19, 16:6, 롬 8:14).
- 성령은 증인이 될 힘을 주신다(눅 4:14, 행 1:8, 벧전 1:12).
- 성령은 방언으로 말하게 하신다(행 2:4; 19:6).
- 성령은 힘과 격려를 주신다(행 9:31).
- 성령은 우리를 통해 사랑하신다(롬 5:5).
- 성령은 의의 열매를 내신다(갈 5:22-23).
- 성령은 우리의 기도를 도우신다(롬 8:26-27, 고전 14:15).
- 성령은 우리의 예배를 도우신다(엡 5:18-19, 빌 3:3).
- 성령은 하나님의 일을 드러내신다(고전 2:9-10).
- 성령은 신령한 은사들을 주신다(고전 12:7-11).
- 성령은 우리 영을 강건하게 하신다(고전 14:2, 4, 엡 3:16, 유 18-20).
- 성령은 믿는 사람들을 연합하게 하신다(빌 2:1-2, 엡 4:3-4).

자녀들에게 성령을 보내셔서 우리를 돕게 하시니 이 얼마나 놀라운 선물인가! 그러니 사탄이 이 선물의 의미를 축소시켜서 그리스도의 몸을 나누고 혼란으로 몰아넣고자

백방으로 노력하는 게 당연하지 않겠는가?

 이번 장에서 알아본 것처럼 그리스도인인 우리 각 사람에게는 선택권이 있다. 성령이라는 하나님의 선물을 믿고 받느냐 아니면 거부하느냐! 주님과 더 깊은 친밀함을 누리고 싶다면 다음 기도를 따라 하기 바란다.

> **기도**
> 주님, 제 삶을 바꾸실 성령을 갈망합니다. 성령의 내주하심에 대해 지금까지 가졌던 선입견과 잘못된 믿음들을 내려놓습니다. 제게 힘을 주실 성령을 갈망합니다. 성령이 오셔서 저를 통해 기도하시고 위로하시고 가르치시길 기도합니다. 주님, 제 삶에 오시옵소서. 성령께 온전히 순복하오니 주께서 원하시는 일이 무엇이든 행하시옵소서. 아멘.

3장

성령을 어떻게 받는가?

성령을 이렇게 받으라

> 너희가 악할지라도 좋은 것을
> 자식에게 줄 줄 알거든
> 하물며 너희 하늘 아버지께서 구하는 자에게
> 성령을 주시지 않겠느냐 하시니라
> (눅 11:13)

성령을 어떻게 받을까? 성령이 어떤 분이고 우리 삶에 얼마나 큰 변화를 주는지 알아가는 과정에서 이런 질문을 해보았을 것이다. 누가복음 11장 13절은 우리가 구하면 하늘 아버지께서 기쁘게 주신다고 확증하고 있다. 따라서 성령을 구하는 것부터 시작하면 된다.

이번 장에서는 성령을 부어 달라고 주님께 기도한 뒤에 삶이 급격히 달라진 사람들을 만나보겠다. 주님을 더 깊이 경험하게 해달라고 기도하다가 성령을 받은 사람들도 있다. 중요한 점은 각 사람이 가장 잘 이해하고 받아들일 수 있는 방법으로 하나님이 응답하셨다는 것이다. 과자를 찍어 내듯 모든 사람의 경험이 똑같지는 않지만 성령과의 개인적이고 강력한 만남이라는 점은 공통적이다.

채워지지 않는 갈망

윌리엄은 매우 독특한 방법으로 진리를 계시받았다. 열여덟 살 때 마약을 한 채 샌디에이고 해변을 향하던 윌리엄의 폭스바겐 차로 하나님이 오셔서 그에게 '열린 환상'을 주셨다. 검은 배경에 줄이 있는데 한없이 깊은 심연으로 내려뜨려져 있었다. 계속 교회를 다녔지만 이런 경험은 처음이었다. 마약 때문도 아니었다.

"주님이 제 삶을 위한 계획을 갖고 있다고 말씀하시는 것 같았어요. 지금 돌이키지 않으면 도와주실 수 없다고, 아니 도와주지 않겠다고 하시는 듯했죠. 생활방식을 바꾸지 않으면 깊은 심연으로 떨어지기 일보 직전이었어요. 갑자기 정신이 확 들어서 차를 도로 한편에 세우고 하나님께 삶을 순복했어요. 집에 돌아와 보니 어머니께서 바로 그 순간에 저를 위해 기도하셨더라고요. 어머니의 기도가 그날 밤 저를 구했던 거예요."

2주 후 윌리엄은 집에서 떨어진 기독교 대학 생활을 시작했다. 학기 중에도 하나님을 더 많이 구하려고 노력했지만 과거의 문제들을 극복하는 데 계속 장애물이 있었다.

"구원과 치유가 절실했어요. 여전히 대마초를 피웠고 제거하고 싶은 습관들이 남아 있었거든요. 그런데 어디서 도움을 받아야 할지 몰랐어요."

그는 부모님이 속한 교단이 후원하는 대학을 다니고 있었다. 성경에 나오는 마지막 제자가 죽음과 동시에 성령의 역사도 끝났다고 가르치는 곳이었다. 이제 우리에게는 하나님의 말씀이 있으므로 성경에 기록된 것과 똑같이 일하시는 성령은 필요하지 않다고 믿었다.

"무언가가 절실했어요. 그게 바로 성령이었죠. 어느 날 밤 앉은 자리에서 사도행전을 다 읽었어요. 처음 있는 일이었죠. 다 읽은 뒤 제게 필요한 것이 바로 성령의 능력임을 깨달았어요."

그는 여러 교수님들을 찾아다니면서 자신이 끊임없이 넘어지는 습관들을 극복할 수 있도록 도와달라고 했다.

"교수님들은 이렇게 말씀하셨어요. '도움이나 치유가 필요하다고 찾아온 건 좋은데 우리도 어떻게 해야 할지 모르겠다.' 성경에서는 죄를 고백하면 구원받는다고 했는데 교수님들은 제가 죄책감을 벗어버리고 마약에서 해방되는

데 전혀 도움이 안 됐어요.

하루는 총장실로 가서 총장님께 제 신앙생활에 도움이 필요하다고 말씀드렸죠. 그분은 저를 심리학자에게 데려가셨어요. 심리학자가 한 일이라고는 벽에 붙은 점을 바라보면서 기도문을 외우고 바이오피드백에 대한 책을 읽어 주는 게 전부였어요. 영적으로나 심리적으로나 전혀 도움이 되지 않았어요. 학기가 끝나고 친구들과 일을 시작했어요. 앨라배마의 외딴 지역에서 성경을 판매하는 것이었죠."

집집마다 다니면서 문을 열어 주는 사람들이 있으면 그들의 종교관을 물어보았다. 모두가 교단에서 가르친 것과 똑같이 대답했다. 윌리엄과 친구들은 낮에는 성경을 판매하고 밤에는 마약을 했다. 그러나 윌리엄은 유혹을 물리칠 힘이 없다는 사실 때문에 자신에게 점차 신물을 느꼈다.

어느 아침에 아침식사를 하려고 위툼카강을 가로지르는 다리를 건너다가 탁한 강물을 내려다보았다.

"하나님께 제가 짊어진 죄책감과 고통이 역겹다고 말씀드렸어요. 자살하면 지옥에 갈지도 모른다는 생각이 없었다면 그냥 강으로 뛰어들었을 거예요. 주님께 도와달라고 울부짖었어요. 성경판매도 끝나갔지만 아무도 제가 듣고 싶은 대답을 해주지 않았어요."

자유로 걸어가는 능력

그날 오후 윌리엄은 외딴 곳에 사는 노부부의 집을 방문했다. 성경을 펼쳐들고 암기한 판매용 멘트를 시작하자 집주인 노인이 오히려 윌리엄에게 질문했다. 그러면서 윌리엄이 그토록 듣고 싶었지만 어떻게 물어야 할지 몰라서 제대로 묻지 못했던 질문들에 대한 대답을 들려 주었다. 노인은 질문하고 대답도 해주었다. 세 시간 동안 성경의 진리를 지적하면서 성령의 역할을 설명해 주었다. 성령의 능력은 지금도 가능하다고 윌리엄에게 확신시켜 주었다.

그 능력을 알고 싶으냐는 질문에 윌리엄은 잠시 고민했다. 부모님의 신뢰를 저버리면 어쩌나 덜컥 겁이 났지만 이런 생각이 들었다.

'이미 많이 잃었기 때문에 더 잃을 것도 없지.'

윌리엄은 노인에게 기도를 받으려고 숲으로 따라갔다. 둘밖에 없었다. 노인은 윌리엄에게 안수하면서 성령과 방언을 받도록 기도했다. 이후 윌리엄의 미래에 대해 예언을 시작했다. 윌리엄은 처음에는 방언이 현대 그리스도인들에게 적절한 것인지 받아들이기가 어려웠다. 그러나 기도를 받고 나자 윌리엄도 알 수 없는 언어로 기도하게 되었다. 그리고 오랜 습관에서 즉시 해방되었다.

대학으로 돌아간 뒤에 지난 학기에 만났던 리사와 사귀기 시작했다. 머지않아 여자 친구도 성령을 받았다. 현재 둘은 결혼해서 두 명의 10대 아이들을 두었다. 지붕공사 관련 사업을 하고 있는 윌리엄의 진짜 열정은 복음전도에 있다. 그는 시간이 날 때마다 노숙자들이나 방황하는 사람들에게 가서 말을 걸고 무료급식소에서 봉사하며 만나는 사람들에게 믿음을 증거한다.

"성령님이 제 걸음과 할 말을 지도하세요. 성령께서 말하기 원하시는 사람들에게 성령이 이끄시는 대로 가는 거죠. 가끔은 만난 사람들을 교회로 인도하기도 해요. 주로 하는 일은 제 가장 좋은 친구인 예수님을 소개하는 거예요. 부모님도 제가 성령을 만난 것을 인정하셨어요. 삶을 옭아매던 속박에서 해방된 모습을 눈으로 확인하셨거든요."

성령으로 사는 것

예수님이 성령에 대해서 제자들에게 하신 약속 중 하나는 바로 이것이다.

"그러나 진리의 성령이 오시면 그가 너희를 모든 진리

가운데로 인도하시리니"(요 16:13).

젊은 부부인 로빈과 클락은 그들의 삶에서 더 많은 하나님의 임재를 구하자 성령을 받고 삶이 완전히 달라졌다. 로빈의 이야기를 들어보자.

복음주의 교회에 다니던 우리 부부는 둘 다 하나님이 매우 절실한 상태였다. 나는 로마서 8장을 읽다가 성령에 따라 살아야 한다는 말씀에 집중하게 되었다. 성령에 따라 사는 것이 무엇인지 알고 싶어서 기독교서점을 방문했다. 퀸과 루산이 쓴 〈여성을 위한 성령으로 충만한 삶〉A Woman's Guide to Spirit-Filled Living을 보자마자 나를 위한 책이라는 것을 알았다. 집에 돌아와 곧 책을 읽기 시작했다. 인용된 말씀이 적혀 있어도 직접 찾아보았다. 내가 가진 성경으로 직접 확인하고 싶었다. 각 장 마지막에 나오는 기도문을 따라서 기도도 했다.

성령세례를 받는 내용을 읽을 때도 관련 성경구절을 찾아보고 그 장 마지막에 있는 기도문을 따라서 기도했다. 그런데 이번 기도는 달랐다. 하나님의 임재가 느껴지면서 눈물이 흘렀다. 하나님을 경배하고픈 깊은 갈망이 생겨서 입을 열자 내가 전혀 모르는 언어가 나왔다.

남편 클락은 전통교회에서 자랐기 때문에 방언에 대해 나름의 생각을 가지고 있었다. 반면에 나는 남편과 다른 교회에서 자랐기 때문에 방언에 대해 선입견이 없었다. 클락은 방언이 하나님께 온 것이 아니며 감정적으로 '맛이 간' 사람들에게 일어나는 일이라고 했다. 나는 성령을 받았다는 사실을 남편에게 말하지 않았다. 남편이 어떻게 생각할지 뻔했기 때문이다. 남편을 존중하는 차원에서 홀로 있을 때만 방언으로 기도했다.

어느 날 오후 남편이 아이들을 보며 집에 있는 동안 주님과 홀로 있고 싶었다. 그래서 따사로운 햇살 아래서 하나님과 시간을 보내기 위해 뒷마당으로 나가겠다고 남편에게 말했다. 밖에 나가서 성령으로 기도하기 시작했다. 그런데 하필이면 바깥 소리가 집안에 바로 들리는 장소에 앉고 말았다.

이상한 소리가 들리자 남편은 내가 괜찮은지 궁금해서 밖으로 나왔다. 심각한 일이라도 벌어졌나 싶은 모양이었다. 하지만 나는 눈을 감고 있어서 남편이 온 줄도 몰랐다. 남편의 인기척을 느끼고 눈을 뜨자 그는 말없이 뒤돌아서 가버렸다.

그런데 매우 놀라운 일이 일어났다. 그날 처음이자 마지막으로 일어난 일이다. 나에게 있었던 일을 설명하려고 남편에게 갔는데 영어가 한마디도 나오지 않는 것이다. 계속 방언만 나왔다. 남편 앞에서 10분 동안 계속 방언으로 말했다. 너무나 이상해서 나조차도 웃을 수밖에 없었다. 말을 하려고 해도 방언만 나왔다. 몇 분 뒤에 남편도 웃기 시작했다. 마침내 영어가 돌아와서 내가 책을 읽었고 성령을 받기 위해 기도한 뒤 많은 일이 일어났다고 설명했다.

남편은 조용했다. 어떤 반응을 보일지 조심스러웠다. 그가 입을 열었다.

"난 당신을 알아. 참된 게 아니라면 하지 않겠지. 그 책을 읽어 봐도 될까?"

"여성을 위한 책인데?" 내가 대답했다.

"상관없어. 나를 향해 하나님이 갖고 계신 것이라면 모두 갖고 싶어. 여성을 위한 책이면 어때?"

"직장에서 여성용 책을 본다고 놀림 당하지마." 내가 농담 삼아 말했다.

남편도 책을 읽으면서 일일이 성경구절을 찾아보았다. 하루는 내가 약속 때문에 외출한 사이에 남편이 혼자서 책에 나온 기도문으로 기도했다. 집에 돌아와 보니 남편이 침실에서 약간 멍한 상태로 있었다.

"내 머리에 불이 붙었나 봐!" 남편이 진지하게 말했다. 그렇다고 대답해 주기를 바라는 눈치였다.

"아니, 당신 머리에 불 안 붙었어." 내가 웃으며 말했다.

그는 침대 맡에 무릎을 꿇고 하나님께 주님이 주시는 것이면 무엇이든 원한다고 고백했다고 한다. 그러고 나서 성령을 받게 해달라고 기도했다. 머리 꼭대기에서 뜨거운 열기가 느껴지더니 얼굴을 거쳐 입으로 내려왔다고 한다. 그런 뒤에 방언이 시작되었다는 것이다. 그 느낌이 너무 강렬해서 그는 실제로 머리에 불이 붙은 줄 알았던 것이다.

그 후 우리는 책에서 권고한 대로 성숙한 멘토를 찾아가서 도움을 요청했다. 믿음이 급격히 성장했다. 우리는 다니던 교회에서 열심히 신앙생활을 했다. 그곳이 우리가 속하고 섬겨야 하는 곳이라고 생각했기 때문이다. 그러나 이따금 주일 저녁에는 은사주의교회에 가서 예배드리기도 했다. 그 시간을 우리는 "밥 먹는 시간"이라 불렀다. 한 번은 목사님이 우리를 부르셔서 무슨 일이 생겼냐고 여쭤보셨다. 우리 안에 생긴 변화를 목사님도 눈치 채신 것이다. 우리는 성령을 받았다고 말씀드렸다.

시간이 흘러 하나님은 남편에게 15년 동안 일했던 자동차디자인 회사를 그만두고 신학교에 가서 사역을 준비하라고 하셨다. 우리 둘 다 댈러스에 있는 CFNIChrist for the Nations Institute를 졸업하고 미시간에 있는 교회에서 1년간 목회 인턴 과정을 밟았다. 향후 스페인에 있는 신학교에서 행정일로 섬길 예정이다.

성령을 받은 뒤로 나는 전과 똑같은 사람이 아니다. 하나님의 임재를 느끼며 전보다 더욱 갈급하며 더욱 깊고 강한 불과 열정을 가졌다. 처음 성령에 대한 책을 샀을 때만 해도 담배를 피웠다. 끊으려고 많이 노력했지만 쉽지 않았다. 성령을 받고 나서 이 흡연습관을 극복할 힘과 능력을 달라고 기도했다. 담배를 피우고 싶은 유혹이 들 때마다 성령께 도움을 구했다. 성령은 정말로 도와주셨다. 유혹이 완전히 사라졌고 담배와 확실히 이별했다.

매우 실제적인 주님의 사랑과 능력을 느끼면서 내 마음의 여러 부분도 치유되었다. 성령을 받은 날부터 나는 하나님이 나와 함께 하심을 느끼고 알 수 있다.

클락의 경험을 들어보자.

성령은 나를 완전히 바꾸셨다. 나는 완전히 새사람이 되었다. 이전 직장에서 나를 잘 알던 사람을 4년 만에 만났는데 그 역시 내 안에 일어난 변화를 느끼고 놀라는 눈치였다. 내 안에는 전에 없던 담대함이 있다. 전에는 다른 사람 앞에서 기도도 못 하는 조용한 사람이었다. 복음을 전하는 것은 꿈도 꿀 수 없었다. 그러나 이제는 담대하게 복음을 전하고 내 삶을 간증하고 하나님이 인도하시는 사람들을 위해 기도한다. 주립교도소에서 사람들을 그리스도께 인도하고 성령을 받도록 기도해 주기도 했다. 복음에 대한 연극을 준비해서 1만 5,000명의 인도 사람들 앞에서 공연하는 것을 도왔고, 스위스 제네바 거리에서 사람들에게 그리스도의 사랑을 전하기도 했다. 기독교 가정에서 자랐지만 무언가가 항상 부족했다. 하나님을 더 알고 싶고 그분과 더 가까이 있고 싶은 갈망이 항상 있었다. 그런데 성령을 받으니까 그 부족한 부분이 무엇인지 깨닫게 된 것이다.

로빈과 클락의 이야기는 성령께서 그분을 열심히 찾는 사람들에게 자신의 능력을 신실하게 보여 주신다는 사실을 증명한다. 하나님은 자신을 더 친밀하게 알도록 어떤 사람에게는 위기를 사용하시기도 한다. 비극 자체가 하나님의 뜻은 아니다. 그러나 성령은 고난 중에도 일하시며 놀라운 방법으로 축복을 이끌어 내신다.

영적 굶주림이 채워짐

부모님 덕분에 힐다는 평생 교회를 다녔으며 자신도

똑같이 네 아이들을 키웠다. 그녀는 하나님을 사랑했으며 예배에 빠진 적이 한 번도 없었다. 그러나 매일 주님께 가까이 나아가는 삶에 대해서는 아는 바가 없었다. 그런데 위기가 찾아왔다.

심각한 보트 사고가 나는 바람에 힐다의 얼굴은 엉망이 되었다. 여러 차례 수술도 받고 회복 기간도 오래 걸리는 일이었다. 교회에 갈 수도 없고 봉사도 할 수 없어서 그녀는 신앙서적을 이것저것 읽기 시작했다. 그때 하나님께서 그녀의 연약한 신앙을 다루셨다.

"넉 달이 지난 뒤에 몸이 회복되어 다시 교회에 나갈 수 있게 되었어요. 그런데 책을 많이 읽고 나니까 뭔가 만족스럽지 않았어요. 성공회 목사님인 데니스 베넷의 〈아침 9시〉Nine o'clock in the morning를 읽으면서 하나님이 성령을 주셔서 그의 불만을 채우신 이야기를 알게 되었어요. 그의 책은 제 마음에 씨앗을 심었죠.

신앙생활에는 내가 아는 것보다 훨씬 많은 게 있다는 생각이 들었어요. 누구든, 저처럼 평범한 주부도 성령을 부어 달라고 기도할 수 있다는 것을 깨달았죠. 하나님께 저를 위해 갖고 계신 모든 것을 달라고 간구하기 시작했어요."

어느 날 저녁예배에 참석한 힐다는 목사님께 회중들과

나눌 이야기가 있는데 해도 괜찮은지 양해를 구했다. 그녀는 사고의 고통을 통해서 주님께 새롭게 나아가는 법을 찾았다고 고백했다.

"제 얼굴뼈들을 제자리로 맞춰 놓은 것은 의사들이지만 그 뼈들이 잘 자라서 낫게 하신 것은 하나님이셨어요. 이번 사고를 통해 주님께 완전히 굴복하고 주님을 진짜로 알아야 한다는 걸 배웠죠. 제가 하고 싶은 말은 하나님이 지금도 치유하신다는 거예요."

그러고 나서 힐다는 단상에 무릎 꿇고 기도하기 시작했다. 갑자기 모든 회중이 앞으로 나와 주님 앞에 엎드렸다. 우는 사람도 있고 회개하는 사람도 있었다. 이후 여러 부부가 힐다의 집을 방문했다. 그녀가 할 수 있는 일이라고는 두 손을 들고 "주님은 정말 놀라운 분"이라고 외치는 것밖에 없었다.

"사람들이 제가 발견한 주님을 향한 새로운 사랑을 이해했는지는 모르겠어요. 그날 밤에 가족들이 잠자리에 들었을 때 기도방으로 가라고 주님이 쿡쿡 찌르시는 느낌이 들었어요. 그래서 저는 기도방으로 가서 주님을 찬양했죠. '주님, 주님을 향한 제 마음을 말로는 표현 못 하겠어요.' 그러자 갑자기 저도 모르는 말로 기도가 터져 나왔어요.

엄청난 해방감 속에서 제 마음의 텅 빈 공간이 기쁨으로 가득 차는 듯했어요. 성령세례를 받은 거예요.

이제 저는 구세주 예수님과 새로운 걸음을 내딛기 시작했어요. 전에는 상상도 못 했던 일이죠. 성령께서는 제가 성경을 확실히 이해하도록 도와주셨고 수많은 성경공부를 인도하게 하셨어요. 수십 명에게 성령을 받도록 기도해 주었는데 그들의 삶도 완전히 달라지는 것을 보았어요. 위기가 제 삶을 완전히 바꾸는 계기가 된 거죠. 회복기에 제 영적 굶주림의 해답을 발견하게 되어서 너무나 감사해요."

사람들의 간증을 들어보면 주님과의 더 친밀한 관계를 구했을 때 성령의 능력을 경험하게 되었다. 그리고 대부분의 경우 주님을 경배할 때 방언이 터져 나왔다. 다음 간증에서도 비슷한 과정을 볼 수 있다.

더 뜨겁게 기도하는 능력

린다는 신약성경의 진리를 열심히 찾아 헤맨 끝에 모든 궁금증의 해답을 발견한 또 다른 예다.

린다는 20년 동안 예수님을 믿었고 매주 목사님이 회중들에게 알려 주시는 기도제목으로 열심히 기도했다.

그렇지만 무언가가 빠져 있다는 생각 때문에 새로운 관심을 가지고 신약성경을 읽기 시작했다. 이전에 간과했거나 잘못 해석한 의미들이 있다면 보여 주시도록 하나님께 간구했다.

사도행전을 읽다가 성령께서 초대교회 교인들의 삶에 놀라운 변화를 일으키시는 것을 보며 놀라움을 금치 못했다. 그녀가 속한 교단에서는 방언에 대해 강경한 입장이었지만 그것과 상관없이 성경을 계속 읽어 나갔다.

"좀더 효과적인 기도를 하려면 이 능력이 필요하지 않을까? 주님과 더 친밀해지려면 이 능력이 필요하지 않을까?"

혼잣말로 중얼거렸다. 다양한 번역의 성경들을 보고 성령에 대한 용어들을 대조해 가면서 읽을수록 궁금증은 커져만 갔다. 곧 그녀는 하나님이 성령의 은사나 방언을 초대교회로만 제한하지 않으셨다는 결론에 도달했다. 자신도 그 은사를 구할 수 있다는 사실을 깨달았다.

하루는 성경을 침대 위에 놓고 무릎 꿇은 채 어린 아이 같은 믿음으로 기도했다.

"주님, 저를 성령으로 채우고 싶으시죠? 성령으로 채워 주세요. 그렇게 하실 거라 믿어요. 오순절에 주님의 제자들이 방언을 했듯이 제 입을 열어서 방언을 하게 해주세요. 감사해요, 주님."

조금 지나자 수많은 말들이 입에서 쏟아져 나왔다. 하나님을 향한 찬양이라는 확신은 드는데 전혀 들어본 적 없는 언어였다.

"예수 그리스도를 향한 사랑으로 압도되는 듯했어요. 이제껏 느껴보지 못한 기쁨이 넘쳤지요. 경험해 본 적 없는 힘이 느껴졌어요. 특히 기도의 능력이 대단했어요. 기도언어를 받자 제 기도생활은 완전히 달라졌어요. '명철'을 가지고 기도하게 되었고 지루한 일을 하면서도 끊임없이 방언으로 기도했어요. 찬양과 경배가 더 높은 차원으로 들어가는 듯했어요. 혼자 기도할 때 기도목록에 있는 사람들을 위해 무엇을 어떻게 기도할지 모르면 방언으로 기도해요."

많은 사례들을 통해 알 수 있듯이 많은 그리스도인들이 성령 충만 없이 살아간다. 논란이 많은 주제인데다 방언이라도 하면 어쩌나 하는 두려움 때문이다. 그러나 예수님은 성령을 "좋은 것"(눅 11:13)이라고 하셨다. 따라서 그 축복을 거부하기보다는 받기를 갈망해야 한다.

〈삶을 은혜로 채우는 기도〉(생명의 말씀사 역간)에서 잭 헤이포드 목사는 방언을 하는 것과 찬양과 경배의 영 사이에 있는 관계를 지적한다.

"방언이 성령 충만의 증거인지 아닌지에 대해 논란이 많다. 하나님의 말씀으로 보건대 이 찬양의 언어는 성령으로 충만한 사람들에게 주어지는 역동적인 특권이 분명하다."[1]

성령을 경험한 사람들을 만나보면 이런 말을 자주 듣는다.

"성령을 받은 뒤로 찬양과 경배와 기도 시간이 훨씬 강렬하고 의미 있어졌어요."

당신은 받았는가?

예수님을 믿은 이후로 당신은 성령을 받았는가?

바울은 에베소 교인들에게 이 질문을 한 뒤에 그들이 성령에 대해 무지함을 발견했다.

"바울이 그들에게 안수하매 성령이 그들에게 임하시므로 방언도 하고 예언도 하니"(행 19:6).

우리의 생각이 바로 전쟁터다. 원수는 우리가 성령의 은사를 받지 못하도록 수단과 방법을 가리지 않는다. 사람들은 성령에 대해서 심리학적, 분석적, 율법적으로 접근한다. 가족이나 친구들의 비판이나 공격이 두려운 사람들이 있다. 사람들 눈에 어리석게 보이지 않을까 하는 두려움도 있다. 무지나 이해 부족이나 영적 교만도 많은 사람들이 하나님의 은사를 받지 못하는 원인이다.

1960년대 후반부터 1970년대 초반 사이에 〈Christ for the Nations〉의 창립자인 고든 린지Gordon Lindsay의 사역을 통해 수많은 사람들이 성령을 받았다. 그는 매우 중요한 충고를 남겼다.

대부분이 알고 있듯이 방언은 가장 통제하기 어려운 몸의 일부이며 최종적으로는 성령에 의해 굴복되어야 한다. 방언을 받은 사람이라도 무의식 중에 성령께 저항해 평소 익숙한 언어로 돌아갈 수도 있다. 그러나 낯선 언어에 자기 혀를 굴복시켜서 확신을 가지고 말하기 시작하면 처음에는 불분명한 말들을 되풀이하는 듯하다가 점차 단어로 마침내 문장으로 말하게 된다. 그 언어를 알고 있거나 통역의 은사가 있는 사람이 그 방언을 듣고 하나님께 드리는 찬양과 경배임을 확인시켜 준다. 성령을 받은 사람은 방언으로 짧은 설교나 권고를 말하기도 한다.

…사람들이 혀를 주님께 굴복시키도록 격려해야 한다. 하나님의 성령은 모든 권능을 가지셨으나 온유하고 부드러우며 어느 누구도 강요하시지 않는다. 성령은 사람들을 인도하시지 밀어붙이지 않는다. 사람들을 진리로 인도하시나 강요하지 않으신다.[2]

성령이 모든 그리스도인 안에 온전히 내주하기를 바라신다는 사실은 성경에도 분명히 나와 있다. 그러나 성령은 강요하는 분이 아니므로 초청하고 기다리신다. 하나님이 더욱 갈급하다면 다음 방법을 따라하기 바란다. 그리고 퀸이 목사님 방에서 했던 기도를 하고 하나님이 당신에게 주시는 모든 것에 마음을 열라.

성령을 받는 방법

1. 자신의 삶에 있는 죄를 고백하고 회개한다. 당신에게 상처를 주었거나 당신을 실망시켰거나 얼토당토하게 비난했던 사람을 용서하라. 마음속에 간직한 분노가 있으면 깨우쳐 달라고 주님께 기도한 뒤에 기도를 통해 그 분노를 해소시키라(막 11:22-26; 엡 4:25-32).

2. 신비주의에 참여한 적이 있다면 하나님께 보여 달라고 기도한다(신 7:25-26, 18:10-12, 행 19:19-20). 그 신비주의 행동에 참여했을 때 당신이 얼마나 순진했는지 상관 말고 무조건 회개하고 용서를 구하라. 하나님의 용서를 받고 당신의 삶에 있는 마귀와 그의 모든 영향력들을 거부하라.

3. 방언하는 사람을 비웃거나 농담으로라도 조롱한 적이 있다면 성령을 경외하지 않은 것에 하나님께 용서를 구하라.

4. 성령 충만과 방언으로 기도하는 능력을 구하라. 입을 열고 성령께서 말하게 하시는 음절들을 말해 보라. 입술이 떨리거나 말을 더듬거릴 수도 있다. 이상하게 들릴지라도 두려워하지 말고 큰 소리로 말하라. "할렐루야, 할렐루야, 할렐루야…" 이렇게 찬양하다가 기도언어를 받은 사람들도 많다. 방언을 받았으면 성령이 이끄시는 대로 멜로디에 맞춰 방언으로 찬양하라.

5. 매일 기도언어를 사용하라. 그러면 주님과 가까이 거하고 신앙생활이 견고해지는 데 도움이 된다. 방언의 은사를 계속 사용하다 보면 자신도 모르게 기도언어가 유창

해진다. 단어도 풍성해질 것이다. 자신의 본래 언어와 새로운 기도언어로 동시에 기도할 수는 없다.

6. 정기적으로 함께 기도할 수 있는 성령 충만한 기도 동역자를 보내 달라고 주님께 기도하라. 동성 친구나 배우자여야 한다. 같은 마음을 품은 친구들과 함께 기도하면 힘도 나고 기도응답을 보면서 믿음도 자란다.

성령을 경험했지만 현 상태에 머무르거나 성령 충만에 대해 열정이 식은 사람도 있을 것이다. 바울이 디모데에게 "네 속에 있는 하나님의 은사를 다시 불일 듯 하겠다고" 했듯이 당신을 도전한다(딤후 1:6). 성령이 친한 친구처럼 실제적인 존재로 다가오기를 기도한다. 끊임없이 성령과 달콤한 교제를 나누게 되기를 기도한다.

기도

하늘 아버지, 예수 그리스도를 제 주님이요 구세주로 인정합니다. 성령이라는 놀라운 선물을 주셔서 감사합니다. 제가 지은 (불신, 용서하지 못함, 교만, 이기심 등)의 죄를 고백하오니 용서하시고 정결케 하옵소서.

주님, 제 삶에서 거짓 종교나 이단 행위와 연관된 부분이 있다면 드러나게 해주십시오(잠시 주님이 보여 주실 때까지 기다린다). 그 죄를 끊습니다(주술, 점성술, 위자보드 사용, 점, 그외 주님이 보여 주시는 것을 말한다). 저를 용서해 주십시오.

주님, 성령의 일을 우습게 여겼던 저를 용서하십시오. 성령의 은사가 더욱 많이 필요합니다. 성령의 역사에 대해 가졌던 편견이나 선입견을 버리도록 도와주십시오. 저를 향해 갖고 계신 모든 것을 받기 원합니다.

주님, 제 입을 엽니다. 저를 통해 성령께서 말씀하시도록 제 의지도 순복합니다. 성령님, 제게 새로운 언어를 주십시오. 믿음을 가지고 새 언어로 주님을 경배하겠습니다….

4장

왜 방언을 하는가?

성령을 이렇게 받으라

> 오순절 날이 이미 이르매
> 그들이 다같이 한 곳에 모였더니
> 홀연히 하늘로부터 급하고
> 강한 바람 같은 소리가 있어
> 그들이 앉은 온 집에 가득하며
> 마치 불의 혀처럼 갈라지는 것들이
> 그들에게 보여 각 사람 위에 하나씩 임하여 있더니
> 그들이 다 성령의 충만함을 받고
> 성령이 말하게 하심을 따라
> 다른 언어들로 말하기를 시작하니라
> (행 2:1-4)

얼마나 놀라운 경험이었을까! 자신이 다락방에 모인 120명 중 한 명이 되었다고 상상해 보라. 폭풍이 몰아치는 듯한 소리와 함께 불꽃처럼 보이는 것이 각 사람의 머리 위에 내려앉았다. 하나님 아버지께 성령을 보내 달라고 하시겠다던 예수님의 약속이 현실로 이루어지는 '빛과 소리의 향연'이라 할 수 있었다. 그와 동시에 모든 사람들이 이제껏 배운 적 없는 언어로 하나님을 찬양하기 시작했다.

하나님의 백성들에게 일어난 적이 없는 사건이었다. 신약성경의 그리스도인들에게만 독특하게 일어난 현상이다. 물론 구약시대나 그리스도의 지상사역 기간에도 초자연적인 현상이 나타나기는 했다. 그러나 성령이 임하신 오순절에 교회는 새로운 시대를 맞이했다.

오순절을 기념하려고 각양각처에서 예루살렘 성전으로 모인 수많은 사람들이 뜻밖의 소리를 듣고 모여들었다. 교육도 받지 못한 갈릴리 사람들이 자기들의 언어로 말하는 모습에 많은 사람들이 질문했다. "대체 무슨 일인가?" 일부는 포도주에 취한 게 분명하다고 조롱했다.

베드로가 일어나서 예수님의 약속대로 성령이 부어졌다고 설명하면서 설교 마지막에 이렇게 선포했다. "너희가 회개하여 각각 예수 그리스도의 이름으로 세례를 받고 죄 사함을 받으라 그리하면 성령의 선물을 받으리니 이 약속은 너희와 너희 자녀와 모든 먼 데 사람 곧 주 우리 하나님이 얼마든지 부르시는 자들에게 하신 것이라"(행 2:38-39).

성령세례는 성경적

그날 베드로의 설교를 듣고 3,000명이 세례를 받았다. 2천년이 넘은 지금, 여전히 많은 그리스도인들이 약속으로 예정된 성령을 받는 것에서 '먼 데 사람'에 속해 있다.

실은 모든 믿는 사람이 성령을 받을 자격이 있다.

성령을 받고 방언하는 것에 대한 성경말씀의 증거를 확인해 보자.

- 성령의 오심은 구약시대 예언의 성취다(사 28:11-12, 고전 14:21).
- 예수님은 믿는 자들에게 성령세례와 함께 새로운 표적이 따르는데 "새 방언을 말할 것"이라고 하셨다(막 16:17).
- 예수님은 성령께서 우리와 영원히 함께 하신다고 약속하셨다(요 14:15-17).
- 예수님은 성령이 임하면 우리가 권능을 받고 땅 끝까지 가서 주님의 증인이 되리라고 하셨다(눅 24:49, 행 1:8).
- 사도들은 새로 그리스도인이 된 사마리아 사람들이 성령을 받도록 안수하고 기도했다. 그들은 바울의 설교를 듣고 주 예수 그리스도의 이름으로 세례만 받은 상태였다(행 8:14-17).
- 하나님은 사울(후에 바울로 이름이 바뀜)이 성령으로 충만하도록 아나니아를 보내서 안수하게 하셨다(행 9:17).
- 베드로가 고넬료의 집에서 말씀을 전하자 성령이 모든 사람에게 임하여 그들이 방언을 말하고 하나님을 찬양했다(행 10:44-46). 비유대인 그리스도인들이 방언을 받은

최초의 사건이었다.
- 바울이 에베소의 믿는 사람들 12명에게 안수하자 성령이 임하여 그들이 방언하고 예언하기 시작했다(행 19:1-6).
- 무엇을 위해 기도할지 모를 때 하나님의 뜻대로 성령께서 "말할 수 없는 탄식으로" 우리를 위해 중보하신다고 성경에서 확증한다(롬 8:26-27).
- 방언을 말하는 사람은 영적으로 자기의 덕을 세운다(고전 14:4, 유 20).
- 바울은 모든 믿는 사람들이 "다 방언 말하기를 원한다"고 했다(고전 14:5, 18).
- 바울은 방언으로 하는 기도와 찬양의 가치를 인정했다(고전 14:13-15).
- 방언은 믿지 않는 사람들에게 표적이다(고전 14:22).
- 방언 말하기를 금지해서는 안 된다(고전 14:39).
- 우리는 성령 안에서 항상 "모든 기도와 간구"를 해야 한다(엡 6:18).

선입견을 극복하라

사업가인 진Gene(31세)은 교회에서 가르치는 것만 믿고 다른 데는 생각을 닫아버렸다. 그의 아내 팸은 성령집회에 참석해 성령세례를 받았다. 진은 현재의 신앙생활에 충분히 만족한 탓에 굳이 변해야 한다는 필요성을 느끼지 못했다. 그리스도를 향한 새로운 사랑에 대해 말하는 아내에게도 교회에서 배운 말을 되풀이할 뿐이었다.

"세례도 하나요. 세례는 한 번뿐이라고"(엡 4:5 근거).

팸은 남편이 마음을 열도록 묵묵히 기도할 뿐 결코 강요하지 않았다. 이따금 아내를 따라 참석한 집회에서 치유, 구원, 방언 등 하나님의 권능을 목격했다. 그런 능력을 두 눈으로 보자 솔직히 겁이 덜컥 났다. 사도행전에 기록된 대로 하나님이 기적을 행하신다는 사실을 부인할 수 없었다. 사업가들의 저녁 모임에 참석했다가 자기처럼 평범한 사람들이 삶에서 하나님이 행하신 기적적인 일들을 말하는 모습을 보면서 더 알고 싶은 갈급함이 커졌다.

팸과 진은 주중에는 제조업 일을 하고 주말에는 기독교휴양센터를 매입해서 운영하기 시작했다. 한번은 팸이 일찍 집에 돌아간 상황에서 진은 센터에서 일하는 청년들과 함께 늦게까지 있었다. 그날 저녁 그는 청년들에게 자신이 성령을 받도록 기도해 달라고 부탁했다. "믿음으로 받으시면 돼요." 한 청년이 말했다. 기도를 받고 아무 일도 일어나지 않았지만 진은 하나님이 자신을 만지셨다고 진심으로 믿었다. 그런데 그날 밤 11시에 열 살짜리 딸을 뒷좌석에 태우고 집으로 가는 도중에 하나님을 만났다.

"하나님의 권능이 차 안으로 들어왔어요. 전기에 감전된 것 같았어요. 몸이 막 떨리더니 갑자기 방언이 시작되었어요. 제 삶은 그 순간 완전히 달라졌어요. 성경을 펼치자 완전히 새로운 시각에서 깨닫게 되었어요. 사람들을 향한 긍휼의 마음도 깊어졌지요. 그 뒤로는 성령을 받도록 사람들을 위해 기도해 주기도 해요. 지금은 제조업 일을 많이 줄이고 사역에 시간을 투자하고 있어요. 아내와 함께 성경공부를 인도하며 젊은 부부들에게 멘토 역할을 하고 있지요. 종종 수련회를 열기도 해요. 성령을 받지 않았다면 불가능했을 거예요."

우리가 만났던 대부분의 사람들처럼 진과 팸은 개인 기도시간에 예배하고 중보할 때 주로 방언을 사용한다. 방언을 통해 예배가 훨씬 깊어지고 중보기도가 훨씬 효과적이라고 말한다.

폴 워커Paul Walker 목사는 "모든 그리스도인들은 하나님과 대화하고 중보하는 가장 친밀한 시간에 성령의 감동을 따라 방언을 말해야 한다"고 했다. "방언은 성령의 내주하심을 확증하며 성령의 살아 있는 증인이라는 증거다."[1]

방언의 가치

사도 바울은 고린도 교회에 보내는 편지에서 믿는 사람이 방언을 하는 것이 중요하고 바람직하다고 말했다.

나는 너희가 다 방언 말하기를 원하노라… 내가 너희 모든 사람보다 방언을 더 말하므로 하나님께 감사하노라(고전 14:5, 18).

방언을 말하는 것이 과연 현대 그리스도인들에게 적절한 일인가에 대해 의문을 제기했던 저명한 신학교수는 바울이 왜 방언에 높은 가치를 두었는지 이해할 수 없었다. 오랜 연구 끝에 그는 방언에 대한 회의적인 시각을 바꾸고 성령을 받고 방언을 말하기 시작했다.

잭 디어 Jack Deere는 〈놀라운 성령의 능력〉Surprised by the Power of the Spirit에서 이렇게 말했다.

맡은 책임이 많았던 그가 어떻게 다른 사람들보다 더 많은 시간 방언을 할 수 있었을까? 자신의 신앙생활과 하나님과의 친밀함을 키우는 데 방언의 은사가 매우 귀함을 깨달았기 때문일 것이다. 바울은 방언의 은사에 대해서 "방언을 말하는 자는 자기의 덕을 세우고"(고전 14:4)라고 말했다. 그는 모든 그리스도인이 방언을 사용하기를 바랐다. 방언의 가치가 일시적이라고 생각했다면 이런 말을 했겠는가?… 바울은 성령의 감동으로 편지를 썼다. 방언에 대해 자기 생각뿐 아니라 하나님의 생각도 남겼다. 바울이 1세기에만 한정된 것에 그렇게 높은 가치를 부여했으리라고는 생각하지 않는다.[2]

성령은 분열을 일으키는가?

교리적 차이가 극심한 경우 가족끼리 분열하기도 하고 결혼하려던 커플이 깨지는 일도 벌어진다.

오드리는 어릴 때 성령세례를 받았으며 신실하게 신앙생활을 했다. 매일 성경을 묵상하고 기도도 자주 했다. 그녀의 남자친구인 벤은 그리스도인이었지만 성령의 능력이 오늘날에도 가능하다는 오드리의 믿음에 강하게 반발했다.

처음에는 그러한 차이가 별로 문제되지 않았다. 둘은

공통 관심사가 많았다. 둘 다 음악을 무척 좋아했다. 벤이 피아노를 연주하면 오드리가 노래를 불렀다. 주말이면 대학캠퍼스나 지역교회에서 함께 노래하면서 시간을 보내기도 했다. 그들은 미래에 대한 꿈과 소망을 나누기도 하고, 결혼에 대해서도 많이 대화했다. 서로의 가족에 대해 알아가면서 오드리는 벤의 부모님도 성령세례에 대해서 강경한 반대 입장이라는 사실을 알고 심각한 고민에 빠졌다.

그녀는 성령에 대한 자신의 믿음이 의심받고 존중받지 못하는 상태로 결혼할 수는 없다는 결론에 이르렀다. 벤은 그녀에게 성령에 대한 믿음을 버리라고까지 강요했다. 고통스럽지만 깊이 사랑했던 남자와의 미래를 포기하는 쪽으로 결정을 내렸다. 주님께 순종하면서 대학 마지막 학기가 시작되기 전에 벤과의 관계를 끝냈다. "주님, 제 삶의 빈 자리를 채워 주십시오." 그녀는 1년 내내 눈물로 기도했다. 매우 고통스러운 시간이었다.

졸업 후 오드리는 대학에서 최대한 멀리 떨어진 곳에 자리를 잡고 기독교 학교에서 가르치는 일을 시작했다. 어느 날 그녀가 다니는 교회 찬양팀에 속한 릭이라는 청년의 눈에 오드리가 들어왔다. 예배가 끝난 뒤 릭은 오드리에게 가서 자신을 소개했다. 처음에는 친구로 시작했으나 둘의 관계는 깊어졌다. 몇 달 만에 릭은 오드리를 향한 사랑을 고백했다. 그녀의 믿음을 바꾸려고 하지 않았다. 릭 역시 몇 년 전에 성령을 받았고 방언으로 기도했으며 음악에 은사가 있었다.

"저를 향한 하나님의 완전하신 계획을 신뢰하면서 하나님이 주신 사람을 기다려야 했어요. 벤을 포기할 때 주님은 더 나은 길을 위해 그분을 신뢰하라고 하셨죠. 성령의 달콤한 임재와 능력에 대한 믿음을 타협할 수는 없었어요."

릭과 오드리는 결국 결혼에 골인했다. 하나님께서 사역의 문을 열어 주셔서 둘은 해외 선교사로 섬기게 되었다. 고통스럽더라도 올바른 결정을 내렸기에 가능한 일이었다.

생각을 뛰어넘는 성령

저드슨 콘월Judson Cornwall 목사가 방언기도의 가치에 대해서 명료한 설명을 제시했다.

> 기도는 '하나님께 말하는 것'이므로 혀를 가장 귀하게 사용하는 방법이다. 방언으로 하는 말은 횡설수설이나 인위적인

언어라고 비난받아 왔다. 그러나 성경에서는 '사람의 방언과 천사의 말'이라고 분명히 말하고 있다(고전 13:1).

성령은 영어나 현대어에 제한받지 않으며 인간이 사용하는 모든 언어에 접근할 수 있다. 천국에서 사용하는 언어도 물론 잘 아신다. 깊은 중보가 필요할 때 성령은 기도하는 사람의 의식을 초월하시기도 한다. 중보의 통로가 되는 사람이 가진 믿음의 수준과 충돌을 일으키지 않고 성령께서 필요한 기도를 하기 위함이다.

방언 기도는 무의식 중에 하는 것이 아니다. 초지적인 supra-intellectual 기도다. 의식 수준보다 아래 있는 게 아니라 인간의 생각 너머에서 하는 기도다. 방언으로 하는 중보 기도는 중언부언하는 말이 아니다. 성령의 감동으로 성부께 말히며 성자의 인정을 받은 말이다(막 16:17 참조).**3**

스미스 위글스워스(1859~1947)가 중앙아프리카 선교사였던 윌리엄 버튼(1886~1971)에 대해 말한 적이 있다. 버튼은 아프리카에 있는 동안 심한 질병을 얻어서 살 가망이 없었다. 동료들은 생명이 떠난 듯한 그의 몸을 바라보면서 마음 아파했다.

위글스워스의 말이다.

"버튼은 아무런 조짐도 없다가 갑자기 벌떡 일어났다. 아무도 이해할 수 없는 일이 벌어졌다. 버튼은 자기 몸으로 온기가 들어오는 것을 느꼈다고 했다. 그는 두 발로 일어섰을 뿐만 아니라 병에서 완전히 나았다."

이후 윌리엄 버튼은 죽었다가 살아난 자신의 경험을 런던에서 간증하게 되었다. 모임이 끝난 뒤 한 여성이 그에게 오더니 "혹시 일기를 쓰세요?"라고 물었다.

버튼이 "그렇다"고 하니까 여성이 말했다.

"전에 제가 기도하는데 무릎을 꿇자마자 바로 선교사님이 생각나는 거예요. 성령께서 저를 사로잡으시더니 알 수 없는 언어로 기도하게 하셨죠. 기도 중에 환상을 보았는데 선교사님이 힘없이 누워 있었어요. 저는 방언으로 울부짖었죠. 마침내 선교사님이 일어나서 나가셨어요."

버튼이 일기장을 확인해 보니까 그가 치유받은 날과 그녀가 기도한 날이 정확히 일치했다.[4]

방언

바울은 성령에 대해 많은 가르침을 남겼다. "방언을 말하는 자는 사람에게 하지 아니하고 하나님께 하나니 이는 알아듣는 자가 없고 영으로 비밀을 말함이라"(고전 14:2).
이 말씀만 보면 방언은 개인 기도시간에만 해야 한다고 생각할 수도 있다. 그러나 성경은 회중예배에서도 방언을 사용할 수 있다고 말한다.

> 그런즉 형제들아 어찌할까 너희가 모일 때에 각각 찬송시도 있으며 가르치는 말씀도 있으며 계시도 있으며 방언도 있으며 통역함도 있나니 모든 것을 덕을 세우기 위하여 하라 만일 누가 방언으로 말하거든 두 사람이나 많아야 세 사람이 차례를 따라 하고 한 사람이 통역할 것이요 만일 통역하는 자가 없으면 교회에서는 잠잠하고 자기와 하나님께 말할 것이요… 모든 것을 품위 있게 하고 질서 있게 하라(고전 14:26-28, 40).

우리(퀸과 루산)는 한 사람이 방언을 하면 다른 사람이 통역하는 것을 여러 예배에서 목격했다. 때로는 한 사람이 방언을 하고 통역까지 했다. 바울은 고린도전서 14장에서 혼자 있을 때와 회중예배에서 방언을 하는 것에 대한 이해가 부족하다고 했다. 방언을 꼭 혼자 있을 때만 해야 한다는 법칙은 없다. 그러나 회중예배에서 방언을 하고 싶은 사람들에게는 질서를 유지하기 위한 몇 가지 규칙이 적용

된다.

방언과 통역을 처음 들었던 예배가 기억난다. 내 뒤에 앉은 중국 여성이 히브리어처럼 들리는 방언을 했다. 그러자 반대편에 앉은 사람이 그 방언을 통역했다. 유대인과 예루살렘을 위한 기도였다. 목사님은 예루살렘에 사는 사람들을 위한 보호의 기도를 하자고 하셨다. 그 후로 우리가 그날 저녁에 했던 기도가 어떤 영향을 끼쳤을지 궁금했다. 그러나 문제의 최종 결과보다는 기도하라는 성령의 부르심에 순종하는 것이 훨씬 중요하다는 것을 깨달았다.

어떤 사람이 방언을 하면 회중 가운데 한두 사람이 그 말을 알아듣는 경우도 발생한다. 방언을 하는 본인은 전혀 배운 적이 없는 말을 하고 있는데도 말이다.

일례로 내(루산) 남편 존이 캔자스에 있는 교회에서 사람들과 기도를 하고 있었다. 남아프리카에서 5년간 선교사로 사역하다가 돌아온 직후였다. 한 여성이 줄루어로 하나님을 찬양하는 소리가 들렸다. 그는 요하네스버그에서 사역하는 동안 줄루어를 공부했었다. 줄루어로 방언하는 그 여성은 밀농사를 하는 농부의 아내였고 영어밖에 할 줄 모르는 사람이었다. 그런데도 완벽한 줄루어를 계속 반복했다. "하나님 아버지, 찬양합니다."

몇 년 뒤에 프랑스 목사님과 기도를 하는데 그분이 아프리카어로 하나님을 찬양하는 소리가 들렸다. 남아프리카에서만 사용하는 말이었다. 그 목사님은 프랑스 밖으로 나간 적도 없고 프랑스어밖에 못 하는 분이었다.

존의 삼촌인 A.N. 트로터는 서아프리카 시에라리온에서 선교사로 섬기는 동안 놀라운 일을 경험했다. 통역자를 통해서 설교한 뒤에 예수그리스도를 영접할 사람들을 앞으로 초청했다. 그들에게 구원의 기도를 제시한 뒤에 성령 받는 것에 대해서 가르쳤다. 사람들 사이를 걸으면서 성령을 받도록 기도해 주었다. 그런데 갑자기 한 아프리카 부족여성이 완벽한 영국 영어로 하나님을 찬양하는 소리가 들렸다. 모든 사람이 깜짝 놀랐다. 선교사 자신도 뜻밖의 상황에 놀랄 수밖에 없었다. 이 여성이 영어를 말한 적이 있는지 통역자에게 물었다. "아니오, 저분은 평생 말을 해 본 적이 없어요. 벙어리거든요!"

성령으로 힘을 얻다

방언기도에는 또 다른 유익이 있다. 성령으로 기도하면 믿음이 자란다. 자기의 덕을 세우는 것이다(고전 14:4

참조). "사랑하는 자들아 너희는 너희의 지극히 거룩한 믿음 위에 자신을 세우며 성령으로 기도하며 하나님의 사랑 안에서 자신을 지키며"(유 20-21). 다시 말해서 성령으로 하는 기도는 다른 사람을 위한 중보의 수단이며 성령으로부터 오는 힘을 받는 수단이다. 코리 텐 붐은 핍박으로 고통받은 사역자의 삶을 예로 들었다.

중국에서 사역하는 선교사가 세뇌를 받게 되었다. 그는 강하게 저항했으나 더 이상 버틸 힘이 없다고 느껴지는 순간에 다다랐다. 그때 방언기도가 나왔다. 힘이 완전히 소진된 상태에서 주님과 누리는 친밀함이 그를 구원하는 힘이 되었다. 적들은 그의 생각에 아무런 영향을 끼칠 수 없었다. 각기 다른 교회와 단체에 속한 자녀들에게 하나님이 방언을 주시는 까닭은 방언이 마지막 전투에 필요한 강력한 무기이기 때문이다. 하나님의 말씀에 분명히 나와 있음에도 방언만큼 그리스도인들 사이에 이렇게 비판과 저항이 많은 것은 없다. 바울이 고린도전서 14장 5절에서 말했다.

"그러면 어떻게 할까 내가 영으로 기도하고."

성령으로부터 오는 방언의 은사보다 "하나님은 없다"는 논리나 신비주의가 오히려 비판과 저항을 덜 받는 듯하다.[5]

성령이 말하다

헨리 갈록Henry Garlock은 1920년에 복음의 불모지인 서아프리카의 라이베리아에 선교사로 파송된 개척자였다. 그는 1913년에 성령을 받고 나서 성경학교를 다니고 아프리카 선교에 자원했다. 아프리카 사역 중에 수많은 기적이 일어났지만 방언과 관련해 놀라운 일이 벌어졌다.

그는 선교본부에 필요한 식량과 물품을 구입하기 위해서 짐꾼들을 보냈다. 그러나 가는 길에 짐꾼 하나가 식인부족에게 붙잡혀서 죽도록 얻어맞았다. 목숨이 위태로울 정도였다. 다른 짐꾼들이 빠져나와서 헨리에게 소식을 전했다.

헨리는 짐꾼을 구하려고 식인부족을 찾아갔다. 부족간 일에 외지인이 끼어드는 게 맘에 들지 않았던 족장은 헨리까지 붙잡았다. 둘을 죽여서 먹어치울 속셈인 것이 분명했다. 그 부족은 적에 대한 경멸의 표시로 그렇게 했다. 그러나 헨리를 죽이기 전에 주술사가 헨리의 발 아래 지팡이를 내려놓았다. 마지막으로 변호할 기회를 주겠다는 표시였다. 헨리는 그 부족의 언어를 하지 못했다. 붙잡힌 짐꾼 역시 그 부족어를 몰랐다. 어떤 일이 일어났는지 보자.

갑자기 몸이 떨렸다. 겁먹은 모습을 보이고 싶지 않았기 때문에 매우 신경이 쓰였다. 그런데 성령께서 마가복음 13장 11절에 나오는 예수님 말씀을 깨닫게 해주셨다.

"사람들이 너희를 끌어다가 넘겨줄 때에 무슨 말을 할까 미리 염려하지 말고 무엇이든지 그 때에 너희에게 주시는 그 말을 하라 말하는 이는 너희가 아니요 성령이시니라."

성령의 기름부음 가운데 당당히 일어났다. 발 아래 놓인 주술사의 지팡이를 집어 들고 입을 열었다. "니 레이…" "내 말을 들으라"는 뜻이다. 바로 그 때였다. 성령께서 내 혀와 음성기관을 통제하시자 이제껏 배운 적 없는 단어들이 폭포수같이 흘러나왔다. 무슨 말을 얼마나 오랫동안 했는지도 알 수 없었다. 그러나 말을 마치자 사방이 쥐죽은 듯 조용했다.[6]

결국 헨리는 생명을 부지할 수 있었다. 족장의 말이다.

"당신의 하나님은 능력이 있고 당신을 위해 싸우신다는 걸 우리도 알겠소. 당신을 괴롭게 한 우리의 죄를 속죄하려면 어떻게 해야 하오?"

그들은 음식을 준비해서 거대한 파티를 열었다. 부상당한 사람을 마을까지 데려다 주기까지 했다. 그 이후 그의 아들 존을 비롯해 헨리의 수많은 형제자매들과 후손들이 선교나 기타 기독교 사역에 참여해 왔다.

성경을 읽고 성경공부를 하고 질문하는 등의 노력만으로는 성령을 받을 수 없다. 모든 의심을 내려놓고 믿음의 걸음을 내딛어야 한다. 다음 장에서는 많은 사람들이 가지고 있는 의심들을 살펴보겠다.

✝ 기도

주님, 기도할 바를 모를 때 성령께 순복하면 방언으로 성령께서 저를 통해 기도하신다는 사실을 잊지 않게 해주십시오. 제게 기도하라고 말씀하시는 성령의 작고 고요한 음성에 깨어 있게 해주십시오. 성령과 함께 일하고 성령께 순복하기를 원합니다. 성령으로 하는 기도가 저를 영적으로 더욱 강건하게 하므로 감사드립니다. 제게 정말 필요합니다. 주님, 저를 사랑하셔서 성령을 보내주심에 감사합니다. 아멘.

5장

무엇 때문에
주저하는가?

성령을 이렇게 받으라

> 내가 너희 모든 사람보다
> 방언을 더 말하므로
> 하나님께 감사하노라…
> 그런즉 내 형제들아 예언하기를 사모하며
> 방언 말하기를 금하지 말라
> (고전 14:18, 39)

방언으로 말하는 것에 대해 많은 그리스도인들 사이에 교리적 논쟁이 벌어지고 있다. 성경에 나와 있지만 매우 이상하고 비논리적인 탓에 받아들이기 힘들어 하는 사람들도 있다. 하나님은 방언을 받아들일 수밖에 없는 특별한 상황으로 사람들을 인도하신다.

오랜 친구들인 프랜과 마이크는 네덜란드의 복음전도자 코리 텐 붐을 통해 주님께 인도되었다. 여러 해 동안 코리와 그녀의 동역자는 프랜과 마이크의 집에서 여러 차례 휴가를 보내곤 했다.

프랜은 코리가 설교하기로 예정된 수련회를 방문했다.

프랜과 산책하던 코리가 갑자기 질문했다.

"프랜, 성령을 받도록 예수님께 기도해 줄까요?"

프랜이 대답했다.

"너무 좋지요."

가던 길을 멈추고 코리가 프랜에게 안수하면서 성령을 부으시도록 기도했다.

"프랜, 이제 원하면 방언으로 기도할 수 있어요."

프랜은 코리의 주름진 아름다운 얼굴을 유심히 보더니 고개를 흔들며 대답했다.

"하고 싶지 않아요."

그들은 산책을 끝내고 숙소로 돌아왔다. 코리는 프랜에게 방언에 대해 다시 말하지 않았다.

프랜이 나중에 고백했다.

"방언을 한다니 조금 겁이 났어요. 항상 말조심을 해야 한다고 배웠기 때문에 제 혀를 통제하지 못할까 봐 겁이 났어요. 누군가가 저를 통해 말한다는 생각만으로도 섬뜩했어요. 방언에 대한 성경말씀을 제대로 이해하지 못한 상태였어요. 코리는 강요하지 않았어요.

기도를 받고 나서 제 자신 아무 느낌이 없었고 아무런 변화도 보이지 않았어요. 성령을 받았는지에 대해서도 확신이 없었어요."

거룩한 약속

얼마 후에 프랜과 마이크는 내(퀸)가 성령을 받았던 플로리다 주 데스틴에 있는 세인트 앤드루스 교회를 방문했다. 목사님은 설교를 마친 뒤에 성령을 받지 못한 사람들을 예배당 뒤에 있는 방으로 초청하셨다. 그곳에서 목사님 사모님이 사람들에게 성령을 소개하고 기도를 해주셨다.

프랜과 마이크는 머뭇거리면서 사람들을 따라 방으로 들어갔다. 방언은 오늘날 모든 그리스도인들에게 주어졌다는 설명에 프랜은 또 다시 멈칫했다. 전에 수련회에서 코리에게 기도를 받은 뒤로 크리스라는 복음전도자로부터 성령에 대해 다시 한 번 들었다. 그의 가르침은 견고했다. 프랜이 존경하는 사역자이기도 했다. 그래서 프랜은 기도했다.

"주님, 제가 방언을 하기 원하신다면 기다릴게요. 만약 크리스가 플로리다로 다시 온다면 그분께 기도를 받겠어요."

크리스가 문을 열고 들어오는 모습을 본 순간 프랜은 숨이 멎는 줄 알았다. 그는 데스틴을 거쳐 다른 도시로 가는 중이었다. 그런데 성령께서 가던 길을 멈추고 세인트 앤드루스 교회로 들어가라고 하시는 것이었다. 그는 회중석에 앉아서 목사님의 말씀 중에 주님이 자신을 이곳으로 보내신 이유를 찾을 수 있지 않을까 싶어서 말씀을 경청했다. 그런데 갑자기 일어나서 복도에서 오른쪽 맨 끝방으로 가라는 마음이 들었다.

"프랜, 마이크! 여기서 뭐해요?"

그들이 다니는 교회가 아니라는 것을 알기에 크리스가 놀라면서 외쳤다. 그 방에 크리스가 아는 얼굴은 별로 없었다.

프랜은 말을 더듬었다.

"크리스를 기다렸던 거 같아요. 제가 방언을 받게 기도해 주실래요?"

크리스는 기도 부탁을 받고 기뻤다. 크리스가 기도하자 프랜은 몇 마디 단어들을 말했다. 크리스는 기도시간에 성령께서 그녀를 통해 말씀하시게 하라고 격려했다. 그런 뒤에 그는 다시 길을 떠났다.

우리를 통해 기도하시는 성령

그로부터 두 달 동안 프랜의 방언은 더욱 유창해졌다. 그녀는 하루에 두세 시간씩 방언으로 기도하기도 했다. 그런데 자신이 똑같은 몇 마디 음절을 계속 반복하고 있다는 사실을 깨달았다.

어느 날 아침에 기도를 마치고 텔레비전을 켰는데 토크쇼 사회자의 목소리가 들렸다.

"오늘은 이집트의 신임 대통령을 모셨습니다. 안와르 사다트Anwar Sadat 대통령을 환영해 주십시오."

프랜은 텔레비전으로 가까이 가서 사회자가 발음하는 이집트 대통령의 이름에 귀를 기울였다. 지난 몇 주간 그녀가 방언으로 계속 말했던 단어가 바로 그 대통령의 이름이라는 사실에 깜짝 놀랐다.

"머리가 쭈뼛 서는 느낌이었어요. 제가 방언으로 기도하는 동안 하나님께서 제 기도언어를 지도하셨어요. 이 분이 하나님께 중요한 사람인가 봐요. 방언이라는 수단으로 성령은 주님께 순복한 그리스도인들을 통해 기도하신다는 사실과 기도를 통해 세부사항을 전혀 알지 못하는 현 시대의 세계 지도자들과 사건들에 영향을 끼칠 수 있다는 사실도 배웠어요. 성령께서 우리를 통해 기도하시게끔 함으로써 하나님 아버지의 온전한 뜻으로 기도할 수 있어요."

프랜은 말을 타다가 담벼락에 부딪친 뒤에 그녀의 집을 방문한 젊은 여성을 위해 기도하게 되었다. 방언으로 기도해 주었다. 그 여성은 대학 때 스페인어를 배운 적이 있는데 이렇게 말했다.

"카스티야 스페인어로 치유에 대한 성경말씀을 인용하셨어요. 예수님의 고통으로 제가 치유된다고 말씀하셨죠."

그녀는 방언이 자기가 이해할 수 있는 언어라는 사실에 충격을 받았다. 방언으로 기도했던 프랜은 자기가 무슨 말을 하는지 몰랐지만 말이다. 이 경험에 힘입은 프랜은 거의 매일 다른 사람들을 위해 오랜 시간 방언으로 기도하고 있다.

기도의 다양성

사도바울은 기도에 대해서 이렇게 가르친다.

모든 기도와 간구를 하되 항상 성령 안에서 기도하고 이를 위하여 깨어 구하기를 항상 힘쓰며 여러 성도를 위하여 구하라(엡 6:18).

이 말씀은 모든 종류의 기도와 성령 안에서의 기도, 즉 기도의 다양성을 제안한다. 성령 안에서 기도한다는 것은 방언으로 하는 기도를 의미한다고 할 수 있다. 고린도전서 14장 14-15절에서 바울은 모든 그리스도인들에게 방언으로 기도하고 그들의 명철로 기도하라고 격려한다.

프랜의 간증은 방언으로 하는 기도가 얼마나 놀라운 결과를 도출할 수 있는지를 잘 보여 준다. '성령 안에서 기도'한다는 것은 주어진 상황에 대해 자신의 언어로 기도하되 성령의 인도를 따라 기도한다는 말이다.

어느 해 여름에 나(루산)는 남편과 함께 프랑스로 한 달 동안 선교여행을 떠났다. 그런데 프랑스에 있는 동안 몸이 너무 안 좋았다. 계속 이동을 해야 했기에 의사에게 진찰 받지는 못하고 남편에게 기도해 달라고 부탁했다. 성령께서 텍사스에 있는 기도동역자 신디에게 나를 위해 기도하라고 경고하시기를 기도했다.

사역을 마치고 집으로 돌아온 후 신디에게 전화해서 그동안 많이 아팠다고 얘기했다. 지금은 많이 나아졌지만 완전히 나은 상태는 아니라고 했다.

"자기가 프랑스에 간 동안 주님께서 특별히 면역체계를 위해 기도하라는 마음을 주셨어. 구체적으로 어떤 문제라고는 말씀하시지 않으셔서 성령이 이끄시는 대로 기도했지."

의사에게 진찰을 받았더니 신장염이 있다며 강한 항생제를 처방해 주었다. 몇 주가 지나자 완전히 나았다. 즉각적인 치유가 일어나지는 않았다. 그러나 내 면역체계를 위한 신디의 기도와 남편과 친구들의 기도가 있었기에 치료를 받지 않고도 버틸 수 있었다고 믿는다.

한번은 예배 중에 기도를 받으려고 앞으로 나간 한 여성을 위해서 내 자리에 서서 기도하는데 성령께서 그녀가 어릴 때 심한 학대를 받았다는 지식의 말씀을 주셨다. 그래서 나는 앞으로 가서 그녀 옆에 무릎을 꿇고 귀에 그 이야기를 속삭였다. 그런 다음 안수하고 방언으로 기도했다. 나중에 그녀가 이렇게 말했다.

"기도하실 때 무슨 말을 하는지는 몰랐지만 제 영 깊은 곳에 치유가 일어난다는 느낌이 들었어요."

성경학자인 아서 월리스Arthur Wallis의 말이다.

바울은 방언을 광범위하게 사용했다… 의심 없이 성령으로

(방언으로) 기도하고 감사하는 것은 이 훌륭한 사도의 헌신된 삶에서 매우 중요한 역할을 했다. 방언에 대해 비난하는 사람들도 있었지만 바울은 방언을 열심히 활용하면서 하나님께 감사했다.

…성령은 우리가 제대로 알지 못하는 어떤 문제에 대해 기도할 때 우리 생각에 빛을 비추신다. 때로는 모든 사실을 알 필요가 없을 때도 있다. 알지 못하는 것이 더욱 중요할 수도 있다. 성령으로 하는 기도가 생각으로 하는 기도를 대신하면서 우리는 상황에 대한 지식을 뛰어넘는 기도를 할 수 있다. 방언을 주시는 성령께서 모든 사실을 알고 계시기 때문이다.

그때 우리 입에서 나오는 말들은 찬양이나 감사보다는 중보일 때가 많다. 우리는 무슨 말을 하는지 모르지만 성령의 감동으로 하는 말이기에 그 기도는 정확히 '과녁'을 맞출 수 있다. 하나님이 모든 사실을 알고 계신데 우리가 아는 말을 하든 모르는 말을 하든 무슨 문제이겠는가?[2]

성령께 순복하고 그분의 인도하심에 귀를 기울이면 다양한 면에서 더욱 효과적인 기도를 할 수 있다.

지적인 의심을 극복하라

33세의 공군 소령이었던 랠프는 20년 전에 아내 타미와 이스라엘로 여행을 떠났다. 여행을 시작하고 처음 나흘간 성지를 순례하는 사람들을 보니 모두 행복해 보였다. 그러나 랠프는 예외였다. 그는 전혀 재미있지 않았다. 영적인 문제라는 생각이 들었다.

다섯째 날 예루살렘 감람산에 있는 호텔에서 랠프 부부는 저녁식사를 하고 이야기를 나누었다. 랠프가 말했다.

"다른 종교를 가진 사람들이 경배하는 신과 하나님이 딱히 어디가 더 나은지 잘 모르겠어."

"질문을 잠깐만 멈춰 봐. 금방 돌아올게."

토미는 이렇게 말하더니 옆방에서 함께 여행 온 부부를 데려왔다.

자정이 넘은 시각이었지만 그들은 토미와 랠프의 방에 와서 하나님의 놀라운 선물인 성자 예수님에 대해서 설명해 주었다. 예수께서 랠프의 죄를 위해 죽기 위해 이 땅에 오셨고 죽었다가 무덤에서 부활하셨다는 사실도 전했다. 예수님은 랠프를 비롯, 모든 믿는 사람들을 위한 자리를 천국에 마련해 놓으셨으며 오직 하나님 한 분을 통해서만 구원이 가능하다고 설명했다. 두 시간 동안 그들은 성경을 펼쳐서 예수님의 말씀에 담긴 진리를 전했다.

이른 새벽 시간에 랠프는 무릎을 꿇고 마음을 주님께 굴복시켰다.

"저는 그 때 구원받았어요."

이틀 뒤 그는 기도모임에 참석하게 되었다. 서른 명 모두가 이스라엘의 평화와 하나님의 영광을 위해 손을 들고 기도했다. 그런데 갑자기 랠프의 입에서 방언이 터져 나왔다. 아내로부터 이미 여러 차례 방언에 대한 설명을 들은 터였다.

"구원에 대해서 안 지 이틀밖에 안 된 상태였어요. 그런 제가 방언을 말하고 성령의 임재까지 경험하다니 정말 놀라운 순간이 아닐 수 없었죠."

이제는 군에서 퇴역한 랠프에게 방언은 무슨 의미였을까?

"쉽고 자연스럽게 기도하는 방법을 배웠어요. 어떤 상황에서 제 지식으로는 어떻게 기도할지 모를 때 특별히 도움이 되었죠. 때로는 조깅하면서 방언으로 기도하기도 해요. 돌아보면 제 지식 때문에 주님을 더 빨리 영접하지 못했던 것 같아요."

지금은 대형교회의 장로로 섬기고 있는 랩프는 주저함 없이 사람들에게 자기의 믿음을 나누며 방언으로 기도하는 것에 대해서도 놀라운 자유를 느낀다.

나(퀸)는 랩프를 만나서 그의 이야기를 들은 직후 1년 전에 성령을 받은 젊은 여성의 전화를 받았다.

"제 남편도 제가 받은 성령을 원해요. 그런데 방언이 무서운가 봐요. 남편은 공학자라서 매우 이성적인 사람이에요. 방언을 말하는 사람을 본 적이 없어요. 남편을 도와주고 싶은데 누구를 소개시켜 줘야 할지 모르겠어요."

랩프가 비행기를 타고 그녀의 집에 가서 하나님이 주신 방언의 은사가 그의 삶을 어떻게 바꾸었는지 이야기해 주면 좋겠다는 생각이 들었다. 그러나 하나님은 다른 방법으로 그녀의 남편을 만지실 것이다. 하나님이 주기 원하시는 모든 은사를 받는 것을 가로막는 두려움을 하나님께 내어드리는 것이 중요하다고 그녀에게 말해 주었다.

하나님의 풍성함을 받으라

무지에서든 경솔함에서든 교만에서든 고집에서든 그리스도인들이 성령의 도움을 이용하지 못할 때가 많다는 사실은 얼마나 큰 아이러니인가! 생명을 유지하기에 필요한 영적 양식은 가지고 있을지 모르나 그들의 삶에서 사랑이나 기쁨, 권능, 공급의 풍성함은 누리지 못한다. 성령을 경험한 사람들도 다양한 이유로 성령의 더 깊은 계시 안에 들어가지 못한다.

케리는 기독교 가정에서 성장했고 다양한 기독교 대학에서 교육을 받았다. 학생 시절에 영적 갈급함보다는 호기심에서 어떤 복음전도자에게 성령을 위한 기도를 받았다. 당시에는 아무 일도 벌어지지 않았다. 이틀 뒤에 침대에 누워서 기도하는데 자신이 영어가 아니라 방언으로 기도하고 있다는 사실을 발견했다.

"세 시간 동안 그렇게 기도했어요. 제 평생 그렇게 기분 좋았던 적이 없었어요. 그러나 성령에 대한 가르침도 없었고 제게 무슨 일이 일어나는지도 몰랐어요. 의지에 따라 방언을 할 수 있다는 사실도 몰랐죠. 그래서 그 뒤로 18년 동안 방언을 사용하지 않았어요."

케리의 태도는 이렇게 말하는 사람들과 비슷하다.

"제가 방언을 하기 원하신다면 하나님이 그렇게 하시겠죠. 제가 먼저 시작하지는 않을래요."

오랜 시간이 흐른 뒤에 어느 수련회에서 상담자가 그

녀에게 물었다.

"방언을 하세요?"

케리는 대학 시절의 경험을 이야기했다.

"방언을 하더라도 본인이 통제할 수 있어요. 하고 싶을 때마다 방언을 할 수 있지요."

둘이 기도를 시작하자 케리의 입에서 다양한 방언이 나왔다. 상담자는 케리에게 하루에 여러 번 방언으로 기도하라고 격려했다.

"충고대로 기도했더니 영적 분별력이 훨씬 좋아졌어요. 상담하거나 기도하는 사람들에 대한 사실들을 성령께서 계시해 주셨죠. 방언기도 덕분에 누군가의 삶에 어떤 일이 일어나는지 전혀 모르는 상황에서도 그들을 위해 중보기도할 수 있게 되었어요. 제가 그리스도를 영접한 순간부터 성령께서 저와 함께 계신다는 것은 알고 있었지요. 그런데 방언이라는 깊은 차원의 경험은 제 삶에 주신 놀라운 선물이었어요."

"그럴 만한 자격이 있을까"라는 의심

기도했지만 성령을 받지 못한 수많은 사람들은 그들이

거룩한 기준에 도달하지 못해서 성령을 못 받았다고 생각한다. 본인이 성령의 은사를 받을 자격이 없다고 생각한다. 사실을 말하자면 하나님이 주시는 은사를 받을 자격이 있는 사람은 아무도 없다.

하나님이 요구하시는 것은 우리가 하나님의 길로 걸어가고 우리에게 주시겠다고 하신 성령을 기꺼이 받겠다는 마음가짐이다. 그 순복의 행위를 통해 우리는 우리 힘으로 할 때보다 더욱 많은 열매를 맺는 삶을 살 수 있는 힘을 얻는다.

고든 린지가 매우 귀한 말을 남겼다.

분명히 할 문제가 있다. 많은 사람들이 인간이 임의로 만든 거룩의 기준을 따른다. 겉으로는 그러한 기준들을 따르더라도 마음에서는 여전히 죄를 짓는다. 교만과 자기의지와 자기의는 여전히 남아 있다.

위대한 영적 위업을 이룩했거나 견고한 그리스도인의 품성을 계발했다고 하여 성령을 받지는 못한다. 성령을 받으려면 어느 정도의 수준이 되어야 한다는 말은 승리의 삶을 살 수 있는 근원으로부터 사람을 원천봉쇄하는 것이다… 우리는 성령의 열매를 맺기 위해 성령이 필요하다.[3]

유명한 저자인 캐서린 마샬은 은사주의 갱생 운동 초기에 성령을 받은 뒤로 자신의 저서를 통해 많은 사람들에게 영향을 끼쳤다. 〈조력자〉The Helper라는 책에서 그녀는 성령께서 내면에서 외면까지 점진적으로 바꾸시는 과정을 설명했다. 하나님께 성령의 은사를 간구한 뒤로 그녀는 마음에서 들려오는 성령의 작고 고요한 음성을 느낄 수 있었다. 누군가에게 심한 말이나 부정적인 말을 하거나 말을 많이 하려고 하면 속에서 마음이 찔렸다. 성령은 매일 내리는 결정들과 사람들에게 예수님을 전하는 데 도움을 주셨다. 캐서린의 말이다.

> 성령세례는 한 번으로 끝나는 일이 아니라 평생 동안 계속되는 과정임을 깨달았다. 일단은 성령으로 채워지는 것으로 시작한다. 그러나 성령을 받았다고 바로 거룩한 성인처럼 변하지는 않는다. 인간적인 자아가 계속 드러나기 때문에 하나님이 원하시는 성숙한 사람이 되려면 반복해서 성령으로 채워져야 한다.[4]

변화된 가족

매력적인 캐나다 주부인 베티는 모든 여성이 바라는

것을 모두 가진 듯 보였다. 대학 시절 사귄 남자와 결혼했고 둘 다 그리스도인이었으며, 남편은 항공 분야에서 성공적인 세일즈맨으로 전 세계를 다니며 일했다. 게다가 예쁜 세 아이들까지 있었다. 그런데 캄캄한 우울의 그늘이 베티의 삶에 찾아왔다. 그녀는 가족을 돌보는 일을 제대로 해낼 수 없었다. 그래도 신앙이 있었기에 하나님께 도움의 손길을 요청했다. 그녀는 해답을 찾기 위해 사도행전을 읽기 시작했다.

"초대교회에 일어났던 기적들을 보자 머릿속에서 제가 평생 들어왔던 가르침과 충돌이 벌어졌어요. 그런 기적들은 성경시대에만 가능하다고 배웠거든요. 저희 교회에서는 지금도 하나님이 기적을 일으키신다는 믿음을 가질 수 없었어요. 그런데 성경을 읽으면서 우울증에서 구원해 달라는 기도를 해야겠다는 마음이 생겼죠.

하루는 집에 홀로 있을 때 하나님께 도와달라고 울부짖었어요. 마귀에게 제 삶에서 떠나라고 명령했죠. 예수의 이름으로 해방되었음을 선포했어요."

그 즉시 우울증의 구름이 사라졌다. 베티는 남편 윌라드에게 전화해서 기쁜 소식을 알렸다.

"사무실에서 아내의 전화를 받은 순간 무언가가 달라

졌음을 직감했어요. 더 이상 기적이 일어나지 않는다고 배웠는데 아내의 변화는 확실한 기적이었어요."

당시 부부로 구성된 뮤지컬 팀이 그들의 교회를 방문했다. 베티와 윌라드는 그 부부를 저녁식사에 초대했다. 그들과 함께 성령을 받은 경험이 있는 다른 부부들도 모였다. 베티가 우울증에서 기적적으로 구출되자 그 부부는 주님과의 관계에서 더 많은 것을 갈망하게 되었다. 그들은 성경공부 모임에 참여하고 하나님께 성령충만을 구했다.

베티의 말이다.

"침실에서 혼자 기도하다가 성령을 받았어요. 하나님의 임재와 권능에 압도된 느낌이었어요. 너무 강력해서 몸이 폭발해 버릴 것 같았죠. 울음이 터졌어요. 슬퍼서가 아니라 너무 기뻐서요. 그 뒤로 사람들을 향한 놀라운 사랑이 느껴졌어요. 처음 느끼는 기분이었죠.

얼마 후에 제 친구가 방언을 위해 기도해 주었는데 방언으로 하나님을 찬양하게 되었어요. 방언으로 주님께 제 감정을 마음껏 표현할 수 있어서 얼마나 좋은지 몰라요. 몇 주 사이에 제 삶은 완전히 달라졌어요. 물론 다른 그리스도인들로부터 거절과 핍박을 당하는 고통스러운 시간도 겪어야 했어요. 하지만 성령께서 저를 지탱해 주셨고 모든 일을 헤쳐 나갈 지혜도 주셨어요."

윌라드는 아내의 경험이 참됨을 알았고 자신도 주님께 가까이 가기를 열망했으나 방언하는 것은 쉽게 받아들일 수 없었다.

"제 이성 때문에 계속 주춤하게 되었죠. 하지만 결국 이렇게 기도드렸어요. '하나님, 저를 향해 갖고 계신 모든 걸 원합니다. 방언을 주신다면 기꺼이 받겠습니다.' 당시 저희 부부는 컨퍼런스에 참석하고 있었어요.

리더분이 모든 사람에게 방언으로 주님을 예배하자고 했을 때 천둥 같은 찬양 소리가 회중으로부터 터져 나왔죠. '주님, 저도 주님께 소리를 지르겠습니다.' 주님께 찬양하는데 갑자기 방언이 시작되었어요. 그 뒤로는 전혀 주저힘이 없어요."

성령의 권능으로 삶이 급격히 달라진 뒤에 베티와 윌라드는 삶에 하나님의 손길이 필요한 사람들을 돕고 싶다는 마음이 들었다. 그들은 교외에 위치한 집을 팔고 시내 빈민가에 집을 구해서 이사했다.

거리를 배회하는 사람들이나 마약중독자들처럼 기존 교회가 다가가지 않는 사람들에게 복음을 전했다. 윌라드는 성공적이었던 직장을 떠났다. 그 부부는 캐나다에서 기독교 텔레비전 네트워크를 설립했다.

"성령과 하나님 말씀의 진리에 굶주린 사람들이 많았어요. 저희처럼 교회에서 모든 진리를 충분히 배우지 못한 사람들이 많았죠. 기독교 텔레비전을 통해 일주일 내내 그들에게 영적인 양식을 먹이라는 마음을 주셨어요."

25년이 지난 오늘날 그들의 아들이 방송국 일에 참여하고 있으며 두 아이들은 주님을 열심히 섬기고 있다. 우리는 위니펙Winnipeg에 가서 TV 프로그램에 출연했을 때 베티와 윌라드의 사연을 들었다. 성령 때문에 한 가족 전체가 달라진 훌륭한 예라고 할 수 있다.

함정을 조심하라

성령을 받으려면 다음 장애물들을 극복해야 한다.

1. **불신**: 성령체험은 이제 불가능하다(초대교회 이후로 성령의 은사는 사라졌다)는 생각이나 성령체험이 감정주의라는 원수 마귀의 말에 귀를 기울이거나 방언이 횡설수설에 불과하다는 생각을 피하라.

2. **지성주의**: 논리적으로 맞지 않는다고 방언을 꺼리는 마음을 피하라.

3. **두려움**: 하나님을 신뢰하지 않고 하나님의 은사가 선하다는 것을 믿지 않는다. 속임을 당할까 봐 기도하기를 주저한다.

"너희가 악할지라도 좋은 것을 자식에게 줄 줄 알거든 하물며 너희 하늘 아버지께서 구하는 자에게 성령을 주시지 않겠느냐 하시니라"(눅 11:13).

4. **자격이 없다는 생각**: 은사받을 자격이 없다는 생각을 피하라. 이런 생각 때문에 많은 거듭난 그리스도인들이 성령으로 채워 달라고 주님께 간구하지 못하고 주저한다.

5. **잘못된 기대**: 본인의 영적 경험이 원래 기대했던 것에 미치지 못해서 느끼는 실망을 피하라.

6. **방언을 해야 한다는 필요를 못 느껴서 방언기도를 중단한다**(프랜은 나중에 사실을 확인하고 보니 이집트의 대통령을 위해 방언으로 중보했다. 본인은 정작 무슨 말을 하는지 모르면서

방언으로 기도할 때 그 언어를 알고 있던 한 여성이 기도 내용을 확인해 주었다).

7. 마음과 삶을 바꾸시도록 성령께 내어드리지 않는다
(베티와 윌라드는 집을 팔아서 도시 빈민가로 이사했다. 마약중독자들에게 복음을 전하기 위해서였다. 그들은 하나님의 명령을 잘 듣고 순종했다).

8. 말씀이 부족하면 하나님의 일에 발전이 없다(본인의 신앙이 아주 좋다고 생각해 성경을 매일 읽지 않는 사람들이 있다. 그러나 꾸준한 성장을 위해서 성경은 반드시 필요하다).

9. 하나님의 인도하심을 먼저 구하지 않고 무조건 만나는 사람들에게 본인의 경험을 충동적으로 나누었다가 불쾌한 결과를 만나기도 한다(어떤 사람들은 당신을 미쳤다고 생각할 것이다. 마음과 귀가 열려 있는 사람에게 언제 어떻게 이야기를 나눌지 기도하는 것이 중요하다).

10. 비판과 핍박: 나(퀸)는 전혀 예상하지 못했던 일이다. 내가 속한 교회의 친구들과 영적 지도자들로부터 비

판받고 충격을 받았다. 성령을 받도록 기도해 주신 목사님께 상담했더니 친절하게 방향을 제시해 주셨다.

"하나님은 우리에게 장미 정원을 약속하시지 않았어요. 향기롭지만 가시 돋친 장미를 주셨죠."

우리 삶에서 일하시는 성령의 권능을 부인해서는 안 된다. 성령으로 사람들을 위해 기도하고 성령이 이끄시는 대로 성령의 진리를 사람들에게 기꺼이 나누라. 성령의 음성을 듣고 순종하겠다고 마음을 열 때 성령께서 신실하게 우리를 인도하신다.

기도

주님, 주님의 진리를 받지 못하도록 방해하는 모든 부정적인 생각들을 버리도록 도와주십시오. 모든 장애물과 의심들을 넘어서 성령을 받고 주님을 더 깊이 경험하고 싶습니다. 주님의 임재로 이끌어 주셔서 감사합니다. 아멘.

6장

어떻게 성령으로 걸어가는가?

성령을 이렇게 받으라

> 만일 우리가 성령으로 살면
> 또한 성령으로 행할지니
> (갈 5:25)

"**성**령으로 걸어간다"는 말은 매 순간 성령의 인도를 의지한다는 말이다. 헬라어로 걷다walk는 말은 "한 줄로 걷는다"는 의미다. 바인성경사전에서는 "마음을 성령께 순복한 상태로 그리스도와 발을 맞추어 걸으라는 권고"라고 했다.[1]

주님을 따라갈 때 성령의 이끄심을 어떻게 알아차릴 수 있을까? 성령이 일하실 길을 예비하기 위한 훈련방법이 있을까? 뉴욕 타임스퀘어 교회의 데이비드 윌커슨 목사의 설명이 아주 그럴듯하다.

성령으로 걸어간다는 말은 놀라울 정도로 상세한 방향과 자욱한 구름이 전혀 없는 결정을 의미한다. 성령님은 성령으로 걸어가는 사람들에게 절대적으로 명확한 지시를 내리신다. 성령으로 걷는다면 혼란 속에 걷지 않는다. 당신의 결정에는 자욱한 구름이 없다.

    초대 그리스도인들은 혼란 속에 걷지 않았다. 그들은 모든 결정, 모든 동작, 모든 행동에 있어서 성령의 인도를 받았다. 성령께서 그들에게 말씀하셨고 그들이 깨어 있는 동안 그들을 지도하셨다. 성령의 권고 없이는 어떠한 결정도 이루어지지 않았다. 신약시대 교회의 모토는 "들을 귀가 있는 자는 성령이 하시는 말씀을 들으라"였다.[2]

듣기와 순종

뉴욕 세계무역센터에 끔찍한 테러공격이 있은 직후 싱가포르에 사는 친구가 나(루산)에게 메시지를 보내서 성령의 인도를 받는 것이 얼마나 중요한지 상기시켜 주었다.

    그의 동생 헤더는 2001년 9월 11일 화요일 아침에 맨해튼에 있는 직장으로 출근할 준비를 하는데 성령께서 가지 말라고 하시는 듯했다. 그러나 전날 치과 진료 때문에 결근했기 때문에 이틀 연속으로 빠질 수 없었다. 그래서 성령이 주신 생각을 무시한 채 출근하려고 집을 나섰다.

지하철역으로 가는 동안에도 성령의 말씀이 너무나 강렬했지만 지하철을 탔다. 그러나 직장에 가지 말아야 한다는 느낌이 매우 강해서 세 번째 역에서 내렸다. 집으로 가는 열차를 기다리는데 모든 지하철 서비스가 중지된 것이다. 헤더는 밖으로 나갔다. 앞을 바라보니 세계무역센터의 북쪽 타워가 무너지고 있었다. 거리는 혼란 그 자체였다. 많은 사람들이 울면서 정신없이 뛰어다녔다. 연기와 재로 뒤덮인 거리를 지나 그녀는 45분 동안 걸어서 집으로 돌아왔다.

집에 오는 길에 헤더는 몇 주 전에 데이비드 윌커슨 목사님이 교인들에게 금식하며 기도하라고 하신 말씀이 기억났다. 윌커슨 목사님을 비롯해 여러 목사님들은 미국에 어떤 위기가 닥쳐올 것이라는 성령의 경고를 감지했다. 위기 상황을 헤쳐 나가기 위해서 하나님의 백성들이 금식하며 기도해야 한다고 하셨다. 주위가 온통 혼란스러운 상황에서도 그녀는 충격에 휩싸이지 않았다. 오히려 하나님의 평안이 가득했다. 순종할 때까지 계속 말씀해 주신 성령께 감사하는 마음뿐이었다.

우리도 어떤 상황에 대해 성령이 하시는 말씀을 감지할 때가 있다. 그러나 해야 할 일이나 인간적인 논리 때문에 성령의 권고를 무시한 채 우리 계획을 밀고 나간다. 그래도 성령은 신실하게 계속 말씀하신다. 때로는 생사가 걸린 문제가 벌어질 수도 있기에 성령의 음성을 듣고 그의 인도하심에 순종하는 것을 배우는 게 중요하다.

내면의 평안

때로는 두려움이라는 걸림돌 때문에 어떤 상황에 대한 성령의 분명한 인도하심을 듣지 못한다. 2001년 9월 11일 테러 공격 이후 우리의 삶은 여러 면에서 달라졌다. 나(루산)는 우크라이나 키예프에서 열리는 목회자 컨퍼런스에서 강의하기 위해 남편과 함께 갈 계획이었다. 이미 항공권을 구매한 상태였다. 그러나 항공여행의 위험성이 새롭게 인식되면서 공항들은 비상태세에 돌입했고 보안 조치를 강화했다.

주위 사람들은 여정을 취소하라고 했다. 연일 뉴스에서 흘러나오는 무서운 소식들, 친구와 가족들의 진심어린 관심 때문에 우리는 어찌해야 할지 혼란스러웠다. 그때 바울이 디모데에게 했던 충고가 떠올랐다.

"하나님이 우리에게 주신 것은 두려워하는 마음이 아니요 오직 능력과 사랑과 절제하는 마음이니"(딤후 1:7).

비행기에 대한 두려움이나 안전이 보장되지 않은 상황에서 여행하는 것에 대한 두려움에 근거해서 최종 결정을 내려서는 안 된다는 것을 알았다.

남편과 나는 성령의 분명한 인도하심을 위해 구체적으로 기도했고 계획대로 가야 한다는 마음이 둘 다 강하게 들었다. 내면의 평안으로 인도하심을 받는 때도 있다. 몇 달 동안 집회를 준비하느라 수고했던 우크라이나의 친구들을 실망시켜야 한다고 생각하니까 마음에 평안이 없었다. 게다가 전에 선교여행을 떠날 때 별로 좋지 않은 상황에서 하나님이 도우셨던 다양한 방법들이 떠올랐다. 이번에도 하나님의 보호와 임재가 함께 하리라는 강한 확신이 들었다.

우리는 우크라이나의 여러 도시에서 온 사역자들이 모인 집회에서 놀라운 축복을 경험했다. 강의에 적극적으로 반응하는 모습이 매우 보기 좋았다. 아시아에서 오기로 되어 있던 두 강사들은 비자를 받지 못해서 참석하지 못했기에 우리가 그곳에 왔다는 사실이 그들에게는 매우 중요한 의미가 있었다.

두려움이나 논리적 판단을 거부하고 성령의 인도하심을 의지하는 것이 얼마나 중요한지 확증시켜 주는 경험이었다. 성령의 신호에 민감하게 깨어서 그의 인도하심을 구할 때 성령은 신실하게 창조적인 방법으로 길을 제시하신다.

기회 포착

직장이든 어디에서든 매일 성령의 인도하심에 마음을 열고 깨어 있으면 뜻밖의 기회를 얻을 수 있다. 성령으로 충만한 간호사 돈Dawn은 환자들에게 복음을 전할 방법을 찾았다.

임산부인 트리나는 구토와 탈수 때문에 너무나 힘들어서 병원에 진찰을 받으러 왔다. 세 번째 아이를 유산하는 일은 피하고 싶었다. 돈은 트리나가 병실에서 치료를 받도록 돕는 일을 맡았다.

트리나의 짐을 풀다가 돈은 성경책을 발견했다. 성경을 침대 맡에 놓으면서 돈이 웃으며 말했다.

"저도 좋아하는 책이에요."

"한때 좋아했었죠." 트리나는 별 감정 없이 대답했다.

"병원에서 잠시 쉬는 동안 하나님과 시간을 보내라고 하시나 봐요." 돈이 대답했다.

"그럴지도 모르죠." 트리나는 창 밖을 보며 대답했다.

돈은 맥박을 체크하고 차트를 작성한 뒤에 물었다.

"제가 기도해 드릴까요?"

"그러세요." 트리나는 아무런 관심이 없는 투였다.

돈은 산모와 아기의 치유를 위해서 기도했다. 특히 산모가 끝까지 버틸 수 있는 힘을 달라고 기도했다.

"주님, 앞으로 며칠 동안 주님이 어떤 분이신지 트리나에게 강력한 방법으로 알려 주십시오."

짧은 만남 이후 돈의 근무시간이 바뀌는 바람에 둘은 다시 만나지 못했다.

6년 후 트리나는 퀸이 강사로 참가한 여성 집회에 참석했다. 그때 돈은 퀸의 기도동역자로 참가해 찬양팀을 이끌었다.

돈을 알아 본 트리나는 그녀에게 서둘러 다가갔다.

"오늘 찬양할 때 목소리를 듣고 알았어요. 제가 아기를 유산하지 않도록 기도해 주셨던 간호사 분 맞죠? 그게 벌써 6년 전이에요. 건강하고 예쁜 딸을 낳았답니다."

돈은 그녀를 보며 말했다.

"잘 지내셨어요? 이렇게 집회에 참석하신 걸 보니 마음의 변화가 있은 모양이죠?"

"그날 병원에서 간호사님께 기도를 받은 다음 저는 삶을 주님께 다시 헌신했어요. 제 삶을 엉망으로 만들었음을 인정했지요. 제 삶을 정리할 수 있게 도와달라고 기도드렸어요. 병원에서 성령을 받고 나서 집에 돌아간 뒤부터 남편 앞에서 경건한 삶을 살려고 노력했어요.

제 남편 릭은 술집이나 클럽에서 록음악을 연주하는 뮤지션이거든요. 전에는 '주님, 남편을 바꿔 주세요'라고 기도했어요. 하지만 병원에서 기도한 뒤로 '주님, 저를 바꿔 주세요'라고 기도하게 되었어요. 남편의 구원을 위해 하나님께 매달렸죠. 그런데 주일 저녁에 남편이 저와 함께 교회에 가겠다고 그러는 거예요."

교회에서 누군가가 주님을 섬기는 것에 대한 릭의 질문에 성실하게 대답을 해주었다. 릭은 그의 음악적 재능과 삶을 그리스도께 헌신했다. 지금은 교회에서 음악과 청소년 사역을 도우며 전임 부교역자로 섬기고 있다.

"그날 병원에서 기도해 주신 뒤로 하나님은 저와 남편의 삶에 강력하게 일하셨어요. 저희 부부는 위기에 놓인 젊은 여성들을 도울 수 있는 시설을 세우는 비전을 가지고 있어요. 하나님께서 이미 땅을 공급해 주셨어요."

우리는 성령의 이끄심에 순종할 때 어떤 씨앗이 심어지는지 모른다. 대부분의 경우 결과도 알 수 없다. 돈의 경우처럼 성령으로 걷는 동안 그분의 음성에 계속 순종하라는 격려 차원에서 하나님이 하신 일을 조금이나마 보여 주시니 얼마나 놀라운 축복인가!

A.B. 심슨의 말이다.

성령으로 걸으려면 성령이 말씀하실 때 순종해야 한다… 잠잠히 머무르면서 우리의 충동과 시끄러운 욕망들을 억누른 채 성령의 의지와 인도하심에 마음을 순복할 때 주님의 길을 알 수 있다(시 25:9 참조).

…성령의 만지심에 민감하고 그의 속삭임에 반응하며 그의 명령에 순종하고 "나는 항상 그가 기뻐하시는 일을 행하므로 나를 혼자 두지 아니하셨느니라"(요 8:29)고 말하게 하소서.[3]

새로워진 믿음, 커진 열정

콜로라도에 있는 우리(퀸) 교회에 다니는 콤이라는 청

년은 15세 때 성령을 받았다고 했다. 여러 세대를 내려오는 유서 깊은 교회에 출석하던 그의 가족은 은사주의적인 은사들을 인정하는 교회에 다니게 되었다.

성령세례에 대한 강의를 들은 콤은 교회 지도자들에게 성령을 받도록 기도해 달라고 부탁했다. 그에게는 매우 거룩한 순간이었다. 말할 수 없는 기쁨이 넘쳐흘렀고 방언으로 말하기 시작했다. 그러나 그 뒤 6개월 만에 주위 친구들을 의식하느라 하나님과의 친밀함이 사라졌다. 나이가 들면서 주님을 떠나 마약과 음주에 빠져들었다. 그렇지만 하나님에 대한 관심과 성령의 실재에 대한 믿음을 완전히 버리지는 않았다.

"파티에서 같이 즐기는 친구들은 제가 좋은 목사님이 될 거라고 했어요. 교회에서 관리인으로 섬기고 주일예배도 드렸지만 주중에는 하나님을 위해 살지 않았어요. 하나님과의 관계가 완전히 끝나지 않았다는 건 알았어요. 저를 끌어당기는 하나님이 항상 느껴졌거든요."

대학 3학년 때 그는 스코틀랜드 에딘버러로 1년간 유학을 떠났다. 친구도 가족도 없는 낯선 땅에 혼자 있다 보니 차츰 우울해졌다. 지역교회에서 예배 후에 학생들에게 무료로 저녁을 제공한다기에 한번 가보기로 했다. 그날 저녁 그는 삶을 주님께 새롭게 헌신했다. 성령께서 다시 한 번 그에게 강력하게 다가오셨다.

하나님을 향해 새로운 열정을 갖게 된 21세의 청년 콤은 미국으로 돌아와서 예술 전공을 마친 뒤에 콜로라도로 가서 목수일을 하면서 교회 인턴십으로 청소년 프로그램을 개발하는 데 참여했다.

"제 마음은 복음전도에 불타올랐어요. 다시는 하나님의 뜻에서 멀어지지 않겠다고 결심했죠."

뉴욕에 계신 부모님 댁을 방문하는 동안 2001년 9월 11일에 테러공격이 발생했다. 세계무역센터에서 불과 세 블록 떨어진 곳에 직장이 있던 콤의 아버지는 테러공격이 일어났을 때 아직 직장에 도착하지 않은 상태였다.

그는 브루클린으로 가서 인근 음식점에서 아들을 만난 뒤에 함께 근처 병원으로 가서 헌혈을 하고 병원 건너편에 있는 교회로 갔다. 마침 사역자가 예배당 문을 열고 있었다. 그 세 사람은 수십 명의 행인들과 함께 격려와 소망을 위한 기도를 시작했다.

"제게 오는 사람들에게 기도할 내용을 성령께서 보여 주셨어요. 우는 사람, 영어를 못 하는 사람, 슬픔에 휩싸인 사람 등 각양각색이었죠. 저는 각 사람을 위해 기도해 주고 그들에게 사랑이 많으신 하나님 아버지를 전하면서 이것이 제 삶의 부르심이라는 것을 깨달았어요."

이틀 뒤 콤은 사람들과 함께 폐허가 된 그라운드 제로로 가서 안전모를 쓰고 돌덩이 치우는 일을 도왔다.

"제가 자란 도시에서 이런 비극이 일어나다니 마음이 아팠어요. 세계무역센터는 제게 매우 특별한 장소예요. 아버지는 독립기념일마다 저를 데려가셔서 불꽃놀이를 구경시켜 주셨거든요. 무고한 희생자들 때문에 마음이 몹시 아파요. 뉴욕 사람들을 위해서 기도하고 있어요."

콤은 그 주간에 자신을 뉴욕으로 인도하셔서 그 모든 경험을 통해 자신에게 힘을 주신 분이 성령이라고 확신한다. 언젠가는 성령께서 자기를 전임 전도사역으로 인도하시리라는 확신이 있다.

성령의 인도를 받았지만 당시에는 그 사실을 모르는 경우가 있다. 자신에게는 그런 경우가 없었는지 생각해 보라. 단조로워 보이는 일상에서 매일의 훈련을 신실하게 해내려고 노력하다 보면 갑자기 "뻥!"하고 일이 터진다. 하나님이 초자연적으로 일하시거나 당신에게 예상치 못한 '거룩한 약속'을 주신다. 하나님의 인도에 순종했기에 하나님이 특별한 일을 이루셨음을 깨닫는 날이 올 것이다.

순종의 축복

앤은 성령을 처음 받고 나서 성령의 음성을 듣게 하시고 사람들에게 복음을 전하게 해달라고 기도했다. 그 뒤로 그녀는 자신의 생각과 상관없는 행동과 말을 경험하게 되었다.

"성령께서 인도하시는 때라는 생각이 들면 순종하면서 발걸음을 내딛기 시작했어요. 한번은 고속도로를 지나는데 도로에서 빠져나와 우체국으로 가라는 마음이 들었어요. 무슨 일인지는 몰랐지만 그냥 순종했어요. 우체국에 들어가서 조용히 기도하며 귀를 기울였지요. 공중전화에서 전화를 하고 있는 여성이 눈에 들어왔어요. 주님이 이렇게 말씀하시는 듯했죠. '가서 저 사람을 위해 기도해라.' 저는 기도하면서 그 여성에게 갔어요. 그런데 이런 음성이 들리는 거예요. '손을 얹고 기도해라.'"

그 순간 앤은 결정을 내려야 했다. 그녀는 순종을 선택하고는 그 여성의 어깨에 가만히 손을 얹고 기도했다.

"이 여성은 주님에 대해서 말하고 있었어요. 몇 분 뒤에 수화기를 놓더니 눈물이 그렁그렁한 얼굴로 뒤를 돌아보더군요. 집에서 기독교 TV 방송을 보는데 전화한 사람들에게 기도해 주는 프로그램이 나오더래요. 집에 전화기는 없고 하나님은 너무 간절하고 그래서 방송국에 전화하려고 우체국에 왔던 거예요.

저는 '성령의 인도로 고속도로를 가다가 우체국에 와서 자매를 위해 기도하게 되었다'고 설명했죠. 그랬더니 그녀가 다시 울음을 터뜨리더라고요. 하나님께서 자신을 위해 기도해 줄 사람을 보내 주실 만큼 자신을 사랑한다는 사실에 감격한 거죠. 성령께서 저를 사용하셨던 거예요."

그 여성이 성령의 음성을 들으려면 어떻게 해야 하냐고 묻기에 앤은 성령을 받고 그 은사를 삶에서 계속 사용해야 한다고 설명했다.

"그녀는 성령을 원했어요. 그래서 다시 기도했어요. 그녀는 그날 우체국을 떠날 때 기쁨과 성령의 권능으로 가득했어요. 저는 하나님의 놀라운 능력과 성령의 인도하심을 받는 게 무엇인지 실제적으로 경험했지요."

때로는 무언가를 위해 기도할 때, 예를 들어 신뢰하지 못하고 의심하는 태도를 고쳐 달라고 하나님께 기도한다고 할 때, 위기를 경험한 뒤에야 하나님이 자신의 기도를 들어 주셨음을 깨닫는 경우도 있다. 자기 생각과 행동을 성령께서 인도하시도록 날마다 간구하는 것이 좋다. 성경을 보자.

"여호와께서 사람의 걸음을 정하시고 그의 길을 기뻐하시나니"(시 37:23).

위기 속에서 힘과 용기를 주시는 성령

위기에 처했을 때 우리는 성령의 음성과 우리 마음에 새겨진 성경말씀을 의지할 수 있다. 셰릴의 경우를 보자.

캐나다 온타리오 오타와에서 셰릴이 은행 창구에 줄 서 있는 동안 남편 앤드류와 어린 아들은 차에서 기다리고 있었다. 은행이 문 닫을 시간이 얼마 남지 않아서 시간이 별로 없었다. 금요일 저녁 7시 50분이었다. 줄을 서 있는 셰릴에게 갑자기 불안의 영이 다가왔다. '이게 뭐지? 왜 이러지?' 그녀는 의아해하면서 방언으로 조용히 기도했다.

이유가 밝혀졌다. 두 남자가 갑자기 은행에 들어오더니 욕설을 하며 사람들을 위협했다.

"돌아보지 마. 안 그러면 죽는다! 등에 칼 있어."

한 남자가 셰릴에게 말했다.

두 사람은 마약에 취한 게 분명했다. 큰 소리로 욕설을 퍼부었다. 그들은 신원을 감추려고 야구 모자를 쓰고 두건으로 입을 가리고 있었다. 한 남자는 은행에 있는 사람들을 총으로 위협했다.

셰릴의 이야기를 들어보자.

일단 손가락에 낀 반지를 빼서 주머니에 넣어야겠다는 생각부터 들었다. 반지를 뺏기긴 싫었다. 조용히 방언으로 기도하는데 주님의 음성이 들렸다.

"그러지 말고 가만히 있어라."

하나님의 평안이 나를 덮는 느낌이었다.

또 다시 조용한 음성이 들렸다. "나는 네 방패다."

갑자기 말씀이 떠올랐다.

"내가 피할 나의 반석의 하나님이시요 나의 방패시요 나의 구원의 뿔이시요 나의 높은 망대시요 그에게 피할 나의 피난처시요 나의 구원자시라 나를 폭력에서 구원하셨도다 내가 찬송 받으실 여호와께 아뢰리니 내 원수들에게서 구원을 받으리로다"(삼하 22:3-4).

주위 여자들은 울고 있었다. 흐느껴 우는 사람들도 있었다. 나는 침착하게 계속 방언으로 기도했다. 총을 든 남자가 돈을 쓸어 담기 위해 은행 창구로 넘어갔다. 창구를 뛰어넘다가 얼굴을 가린 두건이 흘러내려서 인상착의를 확인할 수 있었다. 그는 계속 창구를 다니며 돈을 담았다.

모든 정황을 목격한 우리 모두는 큰 해를 입겠구나 생각했다. 강도 한 명의 인상착의는 확실히 파악했다. 그들은 담을 수 있을 만큼 돈을 주워 담은 뒤에 총과 칼을 흔들며 은행에서 도망쳤다.

차에 있던 남편은 강도들이 은행에서 나와 미리 기다리던 차에 올라타는 것을 목격했다. 한 명은 트렁크에 타고 다른 한 명은 조수석에 탔다. 강도들을 태운 차는 주말 교통체증을 피하기 위해 간선도로로 향했다.

기적적으로 아무도 다치지 않고 현장을 벗어났다. 차에 돌아온 나는 하나님의 평안이 계속 덮고 있었다고 차분히 말했다. 하나님은 정말 내 방패요 망대며 피난처이셨다. 모두를 폭력사태에서 구해 주셨다.

창구를 넘을 때 두건이 벗겨진 남자의 얼굴이 감시카메라에 찍힌 덕분에 두 강도는 두 달 뒤에 붙잡혔다.[4]

물론 사람마다 힘든 상황이 다르다. 그러나 위기와 힘든 시간을 통과하는 동안 성령의 인도하심을 의지할 때 우리는 방향과 힘과 안식을 경험할 수 있다. 성령께서는 끔찍한 시간이나 행복한 시간이나 늘 우리와 함께 계신다.

간호사로 일하면서 수많은 가족들의 위기를 목격했던 한 친구는 종종 웃으며 말한다.

"내 삶에는 멜로와 공포가 끊이지 않는 것 같아."

그녀는 성령의 도움이 절실한 상황에서 성령을 전적으로 의지했다.

성령이 주시는 보너스

성령을 받은 뒤로 내(퀸)가 신앙생활에서 목격한 보너스 중 하나는 성경을 더욱 분명하게 깨닫게 되었다는 점이다. 전에는 혼란스러웠던 구절들도 훨씬 명료해졌다. 애매한 구절의 의미를 깨닫고픈 새로운 갈급함이 생겼다.

성경을 읽다가 수많은 족보들을 보며 지루해한 적 없는가? 이해하기 힘든 구절이 갑자기 등장하기도 한다. 몇 년 전에 내 관심을 끌었던 말씀이 있다. 〈야베스의 기도〉(디모데 역간, 브루스 윌커슨 저)라는 작은 책을 통해 수백만 그리스도인들에게 알려진 역대상 4장 10절 말씀(개역한글)이다.

> 야베스가 이스라엘 하나님께 아뢰어 가로되
> "원컨대 주께서 내게 복에 복을 더 하사

나의 지경을 넓히시고

주의 손으로 나를 도우사

나로 환난을 벗어나 근심이 없게 하옵소서"

'복'이라는 단어의 의미를 찾아보니까 하나님께 초자연적인 은혜를 부어 달라는 간구가 담겨 있다. 그래서 나는 초자연적인 은혜를 주시고 '내 지경을 넓혀 주시도록' 야베스의 기도로 기도하기 시작했다. 좀더 넓은 영역에 영향력을 미치며 주님께 쓰임받고 싶다는 간구였다. 그렇게 기도하기는 했지만 하나님의 계획대로 순종하는 데는 여러 불편함이 따랐다.

한번은 바로 전날 히스패닉을 대상으로 한 집회에서 주강사로 설교한 뒤에 아침 일찍 비행기를 타고 마이애미에서 애틀랜타로 가야 했다. 비행기를 타기 위해 새벽 5시부터 일어났다. 사흘 동안 밤낮으로 사역하느라 잠도 부족한 상태라서 휴식과 회복이 절실했다. 탑승 전에 나는 비행기 앞쪽으로 좌석을 변경했다. 내 마음에는 별 기대가 없었음에도 그날 아침 하나님은 나를 향한 거룩한 약속을 갖고 계셨다.

내 옆에 앉은 여성은 아르헨티나에서 사역하는 전문인

선교사 로라였다. 그녀는 건강검진도 받고 3년 동안 만나지 못한 가족들을 보려고 가는 길이었다. 남미 사람들에게 사역하는 것이 어떠한지 물었다. 그녀는 자신의 사역에 대한 이야기 보따리를 풀어놓았다. 나는 매우 졸렸지만 호기심이 발동했다. 이 여성에게 집중하라는 성령의 지적이 있어서 잠깐 눈을 붙이려던 생각을 접어 두었다.

그녀는 더치 쉬츠 목사님이 쓰신 〈하늘과 땅을 움직이는 중보기도〉(베다니 역간)를 읽은 이야기를 했다. 갑자기 정신이 번쩍 났다. 그녀가 질문했다.

"성령을 받으셨어요?"

질문에 내가 대답했다.

"네. 30년 전에 성령을 받았구요. 그 뒤로 삶이 완전히 달라졌어요."

나를 위해 행하신 하나님의 놀라운 일들을 나눈 뒤에 사도행전을 펼쳤다. 그 뒤로 나는 그녀를 성경의 여행으로 인도했다. 초대교회에 성령이 임했다는 얘기부터 1900년대 초반에 미국에 있었던 부흥까지 이야기가 이어졌다.

내 말을 듣는 중에 그녀는 이런 말을 했다.

"하나님이 주시는 은사라면 주님이 원하시는 때에 언제든 주시지 않을까요? 왜 저한테는 안 주셨을까요?… 방언은 오늘날에는 불가능하다고 배웠어요… 저희 교회에서는 승리로 가득한 신앙생활을 위해서 또 다시 하나님의 만지심을 경험해야 한다고 믿지 않아요… 예수님을 처음 믿기로 결정했을 때 성령을 받았다고 배웠어요… 성령에 대해 지금 해주신 말씀을 믿는다면 선교국에서는 제가 계속 선교하도록 허락하지 않을 거예요."

둘 사이에 침묵이 흐르는 동안 그녀와 논쟁을 벌이지 않고 묵묵히 방언으로 기도했다. 이야기한 내용을 묵상하는 동안 성령께서 그녀에게 말씀하시도록 간구했다. 마침내 그녀가 마지막 질문을 던졌다.

"저도 성령의 은사를 받을 수 있을까요? 정말 제가 구하기만 하면 되나요?"

"받을 수 있고말고요." 성령을 받으려면 어떻게 기도해야 되는지 알려 주었다. 중요한 결단을 내린 그녀에게 주님의 평안과 사랑과 기쁨이 임하도록 기도했다.

비행기가 목적지에 도착하고 우리는 헤어졌다. 나는 그녀에게 도움이 될 만한 책들과 성경주석서들을 보내 주었다. 그녀에게서 연락이 안 올지도 모르지만 나는 그날 진리의 씨앗을 심음으로써 성령께 순종했다. 로라는 영적 탐구에 몰두하고 있을 것이다. 하나님의 성령으로 충만해서 그녀의 삶이 완전히 달라지기를 기도한다.

그날 비행기 안에서 내 야베스의 기도는 놀랍게 응답되었다. 하나님은 내 지경을 넓히셨고 주님을 더욱 갈망했던 사람에게 간증할 기회를 주셨다. 성령께서 내가 하는 말을 인도하셨고 나눠야 할 성경말씀을 정확히 보이셨고 그녀를 위해 기도하게 하셨다. 그날의 경험으로 내 삶은 더욱 풍성해졌다.

솔직히 말해서 성령을 받기 전의 나였다면 창문으로 고개를 돌리고 주위 사람들을 무시한 채 잠만 잤을 것이다. 그녀의 질문에 필요한 적절한 성경구절을 찾지도 못했을 것이다.

성령으로 걸으려면 분명하게 그의 음성을 감지하고 그의 인도하심에 순종해야 한다. 이러한 단계의 친밀함에 도달하기 위해 아무리 오랜 시간이 걸리더라도 기꺼이 시간을 투자해야 한다. 성령으로 걷는 삶은 놓쳐서는 안 될 놀라운 모험이다.

하나님이 정말 나에게 말씀하실까?

하나님은 베스 알베스Beth Alves를 통해 수백 명의 영적

용사들에게 하나님의 음성을 듣는 방법에 대한 중요한 원리를 알려 주셨다. 〈강한 용사〉The Mighty Warrior라는 베스의 책을 보자.

> 주님께 가까이 가면 주님과의 친밀함과 대화의 문이 열린다…
> 주님은 성령을 통해 말씀하신다(겔 36:27, 요 14:16-17).
> … 성령의 음성인지 확인하려면 다음 방법을 사용하라. 그 음성은 당신을 부드럽게 인도하는가, 아니면 거칠게 명령하는가? 하나님의 음성은 부드럽게 인도하고 격려하며 소망을 준다(시 18:35, 사 40:11, 약 3:17). 하나님은 인도하시고 사탄은 거칠게 몰아붙인다(요 10:4). 하나님은 양심의 가책으로 죄를 깨닫게 하시나 사탄은 정죄하고 죄책감을 준다(시 8:1-2). 하나님은 부드럽게 이끄시나 사탄은 세게 잡아당긴다. 하나님의 말씀은 두려움을 일으키지 않는다. 두려움에 휩싸였다면 하나님이 아니라 마귀가 말한 것이다(딤후 1:7).

베스는 하나님의 음성을 듣는 것에 대해 다음과 같은 방법을 제시했다.

■ 마귀의 소리를 결박하라(사탄에게 조용하도록 명령하라).

- 자기 의지와 논리를 성령께 굴복시켜라.
- 자기 문제에 귀를 막아라.
- 하나님의 말씀에 관심을 집중하라.
- 입에서 나오는 말을 통제하라.
- 기록하라(성령께서 당신의 생각 속에 어떤 인상이나 그림을 보여 주심으로써 말씀하실 때가 있다. 그럴 때 글로 남겨 놓아라).
- 생각으로 논쟁을 벌이지 말라.
- 주님이 뜻을 알려 주실 때까지 기다려라.
- 성령보다 앞서지도 말고 뒤처지지도 말라.
- 성령께서 음악을 통해 말씀하시기도 한다. 귀를 기울이라.
- 꿈에도 관심을 가져라. 꿈을 꾸었으면 글로 적으라. 하지만 모든 꿈이 하나님께로부터 온 것은 아니다.
- 침묵을 두려워 말라. 기도할 때 아무 소리도 안 들리더라도 화내지 말라. 성령은 당신이 주님만 예배하기를 바랄 때도 있다.[5]

기도

주님, 어려움 중에도 승리 가운데 걸어가게 하시는 성령을 주셔서 감사합니다. 주님의 인도하심을 기다리지 못하고 제 힘으로 걸어갔던 것을 용서해 주십시오. 실수를 만회하게 하시는 주님의 신실하심에 감사합니다. 세상과 육신과 마귀의 소리를 듣지 않고 주님의 고요한 음성에 귀를 기울이게 해주십시오. 성령으로 말씀하시고 주님의 거룩한 약속의 길로 인도하소서. 제가 걷는 모든 걸음과 제가 하는 말이 주님을 높이고 주님께 영광을 돌리기를 기도합니다. 예수님 이름으로 기도합니다. 아멘.

7장

성령세례는 지속적인가?

성령을 이렇게 받으라

> 우리를 구원하시되 우리가 행한 바
> 의로운 행위로 말미암지 아니하고
> 오직 그의 긍휼하심을 따라 중생의 씻음과
> 성령의 새롭게 하심으로 하셨나니
> 우리 구주 예수 그리스도로 말미암아
> 우리에게 그 성령을 풍성히 부어 주사
> (딛 3:5-6)

성령운동을 비판하는 많은 사람들의 주장은 성령으로 새로워지는 경험이 일시적인 감정적 '흥분'이라는 것이다.

우리가 만났던 사람들 중에는 성령과의 흥분되는 만남을 경험했지만 지금은 냉랭한 신앙을 가지고 있는 사람들도 있다. 그러나 성령에 대해 이야기를 나누었던 절대 다수의 사람들은 성령으로 새로워진 삶을 오랫동안 지속하고 있으며 삶의 변화가 계속 일어나고 있었다.

때로 하나님은 우리가 표현하는 사랑에 응답하시려고 뜻밖의 순간에 예상치 못한 방법으로 우리 삶에서 움직이신다. 19세인 멜의 이야기를 들어보자.

헌신을 위한 몸부림

대학 신입생 멜은 추수감사절 휴가를 맞아 공부를 잠시 접어 두고 집으로 돌아가는 길이 흥분으로 가득했다. 석 달 전에 그리스도인이 된 그에게는 감사할 일이 많았다. 하루는 집에서 밤늦게 혼자 동독 선교사의 이야기가 담긴 카세트 테이프를 듣고 있었다.

당시 동독 경찰은 누군가에게 복음을 전하는 사람들은 모두 잡아들이겠다고 위협하는 상황이었다. 그런데 그리스도를 영접한 지 사흘밖에 안 된 사람이 복음전도팀에게 "겁나면 돌아가십시오. 저는 예수님을 위해 걸어가겠습니다"라고 담대히 말했다고 한다.

"그 말을 듣는데 날카로운 칼로 찔리는 느낌이었어요. 울면서 기도했죠.

'주님, 주님을 안 지 이제 석 달 되었습니다. 주님을 위해 감옥에도 기꺼이 갈 수 있을지 확신이 없습니다. 그런데 주님을 안 지 사흘된 사람이 주님을 위해 죽겠다니요!'

의자에서 내려와 무릎을 꿇었어요. 그 사람처럼 헌신된 신자가 되게 해달라고 주님께 부르짖었어요.

그리스도의 주 되심에 삶을 철저히 헌신하니까 전보다 더욱 깊은 차원에서 주님을 예배하게 되었어요. 처음에는 사랑과 경배의 마음으로 주님을 향해 두 팔을 뻗었는데 방에 주님의 임재가 가득했어요. 하나님 아버지를 그렇게 가깝게 느낀 적은 없었어요. 큰 소리로 주님을 찬양했는데 제 영의 깊은 갈망들이 방언으로 쏟아져 나오는 거예요. 방언에 대해서 들어본 적은 있어도 성령세례를 위해 기도 받은 적은 없었거든요. 주님과 함께 하는 거룩한 순간을 경험했던 거예요."

자신의 경험에 충격을 받고 당황한 그는 해답을 찾으려고 성경을 펼쳤다. 문득 사도행전을 읽어야겠다는 생각이 들었다. 말씀을 받아들이는 데 방해할 만한 어떠한 신학적 논리도 없었기에 그는 방언이 신약시대 신자들에게 일반적으로 일어나는 일이라고 결론지었다.

"28년 전 가을밤에 경험했던 일이 사실일까에 대해서 단 한 번도 의심해 본 적 없어요."

멜은 훈련을 받고 과테말라에 선교사로 파송되어 오랫동안 섬겼다. 지금은 미국의 교회에 기도로 격려와 힘을 전하는 단체인 '지역교회기도지도자연합'National Association of Local Church Prayer Leaders에서 대표로 섬기고 있다.

갱생과 회복

비벌리는 절망 속에서 성령의 새롭게 하시는 능력을 경험했다. 어릴 때부터 10대 시절까지 신앙생활을 잘했지만 대학에 들어가서는 수많은 일들이 그녀의 삶을 장악했다. 특히 톰을 만난 뒤로 더욱 그러했다. 둘은 2년 뒤에 교회에서 결혼했지만 그들의 관계에 주님이 계실 자리는 없었다.

"주님을 믿기는 했지만 멀리 떨어져 있었죠. 결혼생활에 문제가 발생하기 시작했어요. 겉으로 보기에 우리는 젊고 매력 넘치고 성공한 부부처럼 보였죠. 남편은 어린 시절의 심리적 충격 때문에 하나님을 포기한 채 분노를 억누르고 살았어요. 저는 그런 남편을 외면하고 마음을 닫아버렸지요.

첫째 아들이 태어났을 때도 교회에 다니기는 했지만 그저 몸만 왔다 갔다 할 뿐이었어요. 좋은 직장에 동료들의 칭찬도 받았지만 제 자신은 비참했어요. 4년 뒤에 둘째

아들이 태어났을 당시 저는 만성 우울증에 시달리고 있었어요. 술도 많이 마시고 편두통도 심했지요. 집안에는 항상 커튼을 쳐두었고 꼭 나가야 할 때가 아니면 밖에 나가지도 않았어요. 전화벨이나 초인종에도 거의 응답하지 않았죠. 금쪽같은 아이들이 둘이나 있었지만 우울증을 떨쳐버릴 수 없었어요."

한편 톰은 한동안 비벌리와 대화가 되지 않자 분노가 쌓였다. 모든 문제를 아내 탓으로 돌렸다. 그럴수록 비벌리의 우울증은 심해졌고 톰은 더욱 자포자기 상태가 되었다. 당시 둘은 교회에 속해 있었다. 톰은 리더십 위치에 있었지만 그들의 삶은 더욱 악화되었다.

그들의 교회에는 성령을 받은 사람들이 모인 기도모임이 있었다. 그들은 이 젊은 커플에게 심각한 문제가 있다는 것을 감지하고 비벌리와 톰에게 다가갔다. 모임에 속한 집사님이 비벌리에게 전화했을 때 그녀는 편두통으로 고생하는 상태였다. 집으로 오시겠다기에 비벌리는 집에 와서 기도해도 좋다고 했다. 기도를 받자 비벌리는 하나님의 평안을 느꼈다. 두통도 사라졌다.

비벌리에게 기도해 준 집사님은 성령세례에 대해서 이야기를 꺼냈다. 성령을 받으면 새로운 말로 하나님께 기도할 수 있다고 설명해 주었다. "이와 같이 성령도 우리의 연약함을 도우시나니 우리는 마땅히 기도할 바를 알지 못하나 오직 성령이 말할 수 없는 탄식으로 우리를 위하여 친히 간구하시느니라"(롬 8:26)는 말씀도 소개했다.

"놀라운 사실은 제가 어릴 때부터 가지고 있던 성경에 그 말씀만 줄이 쳐 있는 거예요. 항상 혼자서 문제를 감당하려고 해왔는데 하나님께 직접 말씀드릴 수 있다니 큰 위안이 되었어요. 주님께 가까이 가야 한다는 필요성을 절감했죠. 그날 밤 저는 혼자 침대 옆에 무릎을 꿇고 저를 위해 갖고 계신 것이 있다면 그걸 원한다고 하나님께 조용히 말씀드렸어요. 말을 하려고 입을 열자 아름다운 언어가 흘러나왔어요. 하나님께 말씀드리고 있다는 생각이 들었어요. 하나님의 임재가 저를 휘감는 듯했지요. 두통과 우울증은 한 번에 사라졌어요."

완전한 회복의 시작이었다. 목사님은 그녀를 상담하면서 성령에 대한 진리를 제시했다. 2주 뒤 그녀는 남편에게 자신이 경험한 일을 담대히 말했다. 그랬더니 톰도 똑같은 일을 경험했지만 어떻게 말해야 할지 주저하고 있었다고 했다. 둘의 결혼생활은 완전히 회복되었으며 지금은 주님께서 공급하신 장소를 통해 노숙자들에게 사역하고 있다.

"하나님의 말씀을 집중적으로 파고들었더니 치유와 회복의 광선이 제 몸을 비추는 듯했어요. 이제부터는 사람들에게 소망과 회복을 전하고 싶어요. 마귀는 저를 우울증과 병으로 돌아가게 하려고 애를 썼어요. 의심하게 만들려고도 했지요. 하지만 꾸준히 말씀에 머무르고 성령으로 기도하면서 마귀의 공격에 맞설 힘이 생겼어요. 말씀을 읽고 기도하면서 성령께서 주님을 근심시키는 제 삶의 영역을 보여 주셨어요."

성령을 경험한 사람들을 만나서 그들의 삶이 얼마나 급격히 달라졌는지 보면 놀라움을 금할 수 없다. 그 변화는 일시적인 것이 아니라 지속되었다. 비벌리와 톰의 경우도 그러했고 다음 커플도 마찬가지다.

성령의 중보

메리와 남편 켄은 교회를 다녔지만 실제적인 구원을 경험하지는 못했다. 성령에 대해서도 전혀 몰랐다. 아이들이 태어나고 켄의 직장 때문에 여러 지역으로 이사하면서 다양한 교회에 출석하게 되었다. 결국 아이오와에 정착하게 되었는데 적당한 교회를 찾을 수 없었다.

"우울증에 걸린 제게 시누이가 기도해 주겠다고 하더군요. 방언으로 기도하더니 제게 이렇게 말하라는 거예요. '예수님이 주님입니다.' 입을 열었는데 '사탄이 주님입니다'라는 말이 나왔어요. 제 입에서 그런 말이 나오다니 당혹스러웠어요. 교회도 열심히 다녔고 성경공부 리더로도 섬기고 있었거든요(제가 10대 시절 위자보드를 했을 때 거짓의 영이 들어와서 제가 이미 거듭났다는 생각을 심어 주었음을 주님께서 알려 주셨어요).

"제 시누이는 사탄을 꾸짖은 뒤에 제 삶의 모든 영역에서 쫓아내라고 했어요. 구원기도로 인도하면서 '예수님이 주님입니다'라고 반복해서 말하게 했지요. 저는 이제 거듭났어요. 그런 뒤에 성령을 받도록 기도해 주었는데 입을 열고 나오는 대로 말하라고 했어요. 몇 달 동안 기도하면서 입을 열었지만 아무 일도 없었어요. 석 달 후 남편이 거듭나고 성령충만을 받았어요. 누군가 제게 생각 속에 들리는 말을 입으로 하라고 했어요. 그렇게 해보았는데 처음 한 달간은 몇 마디 단어뿐이었죠. 그런데 점차 단어가 풍성해졌어요.

그 뒤로 성령께서는 우리 아이들에게 어떤 문제가 있기 전에 미리 알려 주셔서 보호의 기도를 시키셨죠. 두 가지가 생각나네요.

하루는 켄과 제가 잠을 자다가 새벽 2시 30분에 동시에 일어났는데 기도해야 한다는 느낌이 들었어요. 주님께서 특별히 보여 주신 것은 없었지만 급박함이 사라질 때까지 성령으로 기도했어요. 그러고는 다시 잠자리에 들었지요.

다음날 아침 일찍 저희 딸 칼라가 자기를 데리러 오라고 전화했어요. 저희 딸은 친구 집에 놀러 갔었거든요. 데리러 가보니 그날 새벽 2시 30분에 친구 엄마가 술에 취한 채 집에 와서는 칼라를 공격했다는 거예요. 그리스도인이라고 칼라에게 물건을 집어던지고 욕을 해댔다는 거죠. 그러다가 갑자기 행동을 멈추더니 문을 열고 나가더래요. 칼라는 몇 시간 뒤에 집으로 전화를 걸었던 거죠.

또 한 번은 기도하는데 프랑스 파리에 위험이 있다는 강한 느낌이 들었어요. 무슨 일인지는 몰랐지만 일주일 넘게 개인기도 시간마다 파리를 위해 방언으로 기도했어요. 그러자 부담이 사라졌어요. 5개월 뒤 칼라가 고등학교 스페인어 반에서 스페인으로 여행가게 되었죠. 칼라는 스페인에서 돌아오자마자 집으로 와서 이렇게 말했어요. '엄마, 파리에서 나한테 무슨 일이 있었는지 믿지 못하실 거예요.'

7. 성령세례는 지속적인가?

몇 달 전에 파리의 위험에 대해 기도했던 일이 생각났어요. 우리 딸애가 파리 공항에서 기다리는데 경찰이 와서 우리 딸 옆에 있는 여행 가방이 '네 것이냐'고 묻기에 아니라고 대답했대요. 경찰이 그 수상한 가방을 밖으로 가져가서 보니까 안에 폭탄이 들어 있었던 거죠! 우리 딸을 보호해 주신 하나님을 마음껏 찬양했어요. 자녀를 위해 효과적으로 기도하려면 모든 부모들이 성령의 은사를 받아야 한다고 생각해요."

야망과의 이별

메릴린은 지역 기독교방송국에서 전화 상담가로 일하는 앨리스와 점심을 먹고 있었다. 그날 앨리스는 매우 낙심해 있었다.

"오늘 아침에도 수많은 전화를 받았지만 한 명에게도 예수님을 영접하는 기도를 이끌지 못했어."

호기심이 발동한 메릴린은 그녀에게 자세히 말해 보라고 했다. 앨리스가 내민 카드에는 구원기도를 인도할 때 사용하는 기도문이 적혀 있었다.

"원한다면 내가 기도해 볼게." 카드를 읽어본 뒤에 메릴린이 대답했다. 앨리스는 메릴린에게 기도문을 크게 읽으라고 했다. 메릴린은 기도문을 크게 읽으며 예수님을 주님으로 영접했다.

"이제 성령을 받아야 해." 앨리스가 다음 카드를 보여 주며 말했다. "이 기도문을 읽고 동의하는지 봐봐. 이제 막 시작했지만 그리스도인으로 살려면 힘이 필요해."

카드를 훑어본 메릴린은 기도문을 큰 소리로 읽으며 성령을 부어 주시고 기도언어를 주시도록 예수님께 간구했다. 메릴린은 '아아-바바'(아바)라는 두 음절밖에 말하지 못하자 실망한 기색이 역력했다. 자기가 방언으로 말한 것이 맞는지 묻기도 했다. 앨리스는 그 두 음절은 히브리어로 아버지를 의미한다고 설명해 주었다. 그 말이 그녀에게 큰 힘이 되었다. 몇 달 사이에 메릴린의 기도언어는 훨씬 유창해졌다. 메릴린의 고백이다.

"이 경험을 하기 전에는 항상 나 자신을 몰아붙이는 스타일이었어요. 하루에 최소한 4마일은 뛰었고 박사과정을 끝내기 위해 논문 준비로도 바빴어요. 근처 대학에서 강의도 했고 네 아이의 엄마이자 바쁜 사업가의 아내일도 병행했지요. 그러나 성령을 받은 뒤로 모든 게 달라졌어요. 강의도 학위도 아닌 하나님만을 간절히 추구하고 원하게 되었어요."

메릴린은 학업을 그만두고 성경에 대해서 좀더 배우기 위해 성경공부 모임에 시간을 투자했다. 마침 뉴욕에 있는 여성 은사주의 단체에서 지부장을 구하고 있었는데 메릴린이 대표 자리에 올랐다. 그녀는 수많은 사람들에게 성령의 권능을 전하는 유명한 강사로 사역하고 있다. 많은 여성들이 그리스도를 영접하고 성령으로 충만해지는 일에 전념하고 있다.

아내를 따라 집회를 다니던 메릴린의 남편도 성령을 받아야겠다는 생각이 들었다. 그들이 다녔던 교회에서는 성경 읽기를 강조하지 않았던 터라 그들은 영적 양식에 굶주려 있었다.

"남편은 구원은 하나님으로부터 오는 선물이지 구해서 얻는 것이 아님을 알고 있었어요. 그래서 성경에서 배운 내용을 받아들이기가 수월했죠. 저희는 다른 지역으로 이사했는데 매주 100명 정도의 청년들이 와서 음식도 먹고 즐겁게 교제하고 있어요. 이곳에서 아이들은 예수님의 사랑과 그들의 삶을 향한 계획에 대해 들어요."

한번은 메릴린이 아들의 구원을 위해서 기도하는데 자신의 기도언어가 '전투방언'으로 바뀌었다고 한다.

"어떻게 설명해야 할지 모르겠지만 정말 치열한 기도였

어요. 지금도 아들을 위해 기도할 때는 그 방언으로 해요."

성령을 받으면 무조건 학업을 포기해야 한다는 말이 아니다. 메릴린은 하나님이 그걸 바라셨기에 순종했을 뿐이다. 거기에 대해 메릴린은 조금도 후회하지 않는다. 주님은 그녀가 냉철한 생각으로 다른 '지식인'들에게 그들이 이해할 수 있는 방식으로 영적 진리들을 설명할 수 있게 도와주신다.

초자연적인 영역의 기도

어릴 때 방언으로 기도하고 찬양했던 중보기도자가 있다. 조앤은 어른이 되어서야 그 은사의 중요한 의미를 깨달았다. 그녀의 말을 들어보자.

어릴 때 예수님과 얘기하면서 다른 언어로 찬양하곤 했다. 그런 저를 본 어머니는 이렇게 말씀하셨다.
"조앤, 그런 말로 하는 찬양은 처음인걸. 내가 알지 못하는 리듬이 네 안에 있나봐." 나는 예수님과 얘기하는 것일 뿐이라고 말씀드렸다. 열두 살이 되었을 때 할아버지는 예배가 끝난 뒤 내 머리 위에 안수하시면서 나를 축복하시더니 성령의 모든 은사를 부어 달라고 기도하셨다.

세월이 흘러 나는 30대가 되었고 성령운동이 미국 전역을 휩쓸고 있을 때 어떤 집회에 참석하게 되었다. 그곳에서 리더 몇 분으로부터 성령을 받기 위해 기도받았는데 갑자기 수많은 말이 터져 나왔다. 그런데 내가 어릴 때 이렇게 기도했다는 사실이 문득 떠올랐다.

이 경험이 내 삶을 바꾸었을까? 물론이다. 기도가 훨씬 강력해진 것도 방언으로 기도했기 때문이다. 방언으로 기도하면 힘이 나고 용기를 얻으며 채워지고 뜨겁게 타오른다. 인간적 사고의 영역을 넘어서 하나님의 영역에서 기도할 수 있다. 하나님은 알 수 없는 문제들을 기도하는 내게 주님의 신비를 계시해 주셨다.

한 번에 12시간씩 방언으로 기도하기도 한다. 그로 인해 삶에 기름부음이 임했으며 주님과도 더욱 가까워졌다. 내 안에 하나님의 권능이 풀어지기도 한다. 나는 기도팀으로 섬기면서 여러 나라를 다니기도 했다. 어떤 상황에서 어떻게 중보할지 모를 때는 성령을 의지해 기도한다.

효과적인 방언기도

바울의 말이다.

"그러므로 방언을 말하는 자는 통역하기를 기도할지니 내가 만일 방언으로 기도하면 나의 영이 기도하거니와 나의 마음은 열매를 맺지 못하리라 그러면 어떻게 할까 내가 영으로 기도하고 또 마음으로 기도하며"(고전 13:13-15).

바울은 이렇게 충고하기도 했다.

"모든 기도와 간구를 하되 항상 성령 안에서 기도하고" (엡 6:18).

테드 해가드 목사의 말이다.

"기도시간은 항상 무언가에 집중되어 있다. 자기연민, 우리 죄, 가족의 기도제목, 우리의 재정, 또는 하나님의 성령과 하나님의 나라. 자신의 관심사에서 돌이키고 하나님께 온전히 잠기는 방법은 성령으로 기도하는 것이다.… 방언으로 기도하면 우선순위와 생각들이 훨씬 명확해진다. 태도가 변하고 내면이 강해지고 믿음이 자라며 하나님이 주시는 새로운 생각들로 가득하다."[1]

방언으로 기도할 때 우리가 기도하는 내용의 통역을 위해서 하나님께 간구해야 한다는 설교를 어떤 목사님께 들은 적이 있다. 그 목사님은 교회에서 운영하는 기독교학교를 현재 시설로 감당할 수 없어서 고민이었다.

개학일은 몇 주밖에 안 남았는데 여유 공간보다 훨씬

많은 학생들이 등록한 것이다. 짧은 시간에 공간을 확보할 수 없는 상황이었다. 이 문제로 고민하면서 해결책을 찾으려고 노력하던 목사님에게 주님께서 성령으로 기도하라는 마음을 주셨다.

사무실 바닥에 무릎 꿇고 방언으로 기도한 다음 통역을 계시해 달라고 주님께 간구했다. 문득 교회에서 멀지 않은 곳에 건물을 소유하고 있는 사업가에게 전화를 걸어야 한다는 생각이 들었다. 늦은 시각이었지만 그 사업가에게 전화를 걸어서 고민을 털어놓으며 건물을 팔 생각이 없는지 물어보았다. 그러자 사업가는 깜짝 놀라는 눈치였다.

"내일 그 건물을 내놓으려고 오늘 계약서를 적었어요. 관심이 있으시면 지금 당장 건물에서 뵙죠."

"좋습니다." 목사님은 이렇게 대답한 뒤 이번 건에 대해서 성령으로 기도했다. 그날 밤 두 사람은 건물에서 만나 계약 가능성에 대해서 이야기를 나누었다. 목사님은 건물의 매매가보다 훨씬 낮은 가격을 제시했다. 그런데 사업가는 그 제안을 흔쾌히 받아들였다. 두 사람은 악수하고 계약을 성사시켰다. 다음날 건물이 팔렸다는 소식이 알려지자 여러 기업들이 훨씬 높은 가격을 제시하며 달려들었다. 그러나 사업가는 단호했다.

"안 됩니다. 어제 자정에 목사님과 악수했습니다. 기독교 학교를 위해서 교회에 건물을 팔겠습니다."

그 목사님은 방언으로 기도한 뒤에 통역을 간구했을 때 어떤 상황에 대한 하나님의 뜻을 깨달은 적이 여러 번 있다고 했다.

"하나님께서 우리에게 분명히 주신 은사인데도 많이 간과되었어요."

사도 바울이 디모데에게 했던 말처럼 성령으로 충만해진 우리 안에 하나님이 주신 이 통역의 은사를 불러일으켜야 한다(딤후 1:6 참조).

방언으로 기도하다가 어떤 사람을 위한 기도라는 사실은 알겠는데 무슨 이유인지는 모를 때가 있다. 기독교 여성단체의 회장인 린이 어머니를 위해 기도했던 경험을 들어보자.

밤에 집에 돌아가는 길에 어머니 댁으로 가는 출구를 지나는데 갑자기 성령께서 방언으로 기도하게 시키셨다. 아주 급한 일이라는 느낌이 들었다. 차를 돌려서 어머니 댁으로 향했는데 시계를 보니 오후 9시 20분이었다. 낮에 어머니와 통화할 때 오후 9시면 주무신다며 그 이후에는 전화도 하지 말라고 하신 말씀이 기억났다.

그래서 계속 기도하면서 그냥 집으로 향했다. 집에 오자마자 수화기를 들었다가 그냥 내려놓았다. 밤새도록 기도하고 날이 밝자마자 전화를 드렸다.

어머니는 끔찍한 일을 당할 뻔했다고 하셨다. 다음날 오후에 집에서 모임이 있을 예정이라 어머니는 차 주전자를 올리기에 적당한 크기로 만들 생각으로 부엌에 넣어 둔 새로 산 양초에 불을 붙이셨다. 성냥갑을 화장실 서랍에 넣어 둔 뒤에 양초 끄는 걸 깜빡하시고는 그냥 잠자리에 드신 것이다.

양초는 밤새도록 탔다. 다음날 아침에 일어나 보니 벽에 불이 붙었다. 벽뿐만 아니라 찬장에도 불이 붙었고 부엌 전체가 연기 천지였다.

주님을 찬양한다! 다행히 어머니 집이 전부 타버릴 정도는 아니었다. 부엌만 페인트칠을 다시 하고 찬장을 교체했다. 어머니가 무사했던 것은 성령께서 방언기도를 시키셔서 내가 기도를 했고 하나님이 보호하셨기 때문이다. 제대로 작동하지 않은 연기경보기도 새 것으로 교체했다. 성령께 순종해 방언으로 하는 중보기도는 그 무엇과도 바꿀 수 없는 중요한 보호수단이다.

한 번은 2월 중순에 우리 도시에 강한 바람과 함께 눈보라가 쳤다. 나무들이 건물과 도로 위로 쓰러졌다. 며칠 동안 전기도 들어오지 않았다. 아버지가 돌아가시고 오랫동안 혼자 사시던 어머니는 최근에 재혼하셨다. 집이 너무 추워서 두 분이 덜덜 떠시기에 밤에 등유난로를 갖다 드렸다.

그런데 그날 밤 새벽 3시에 주님께서 나를 깨우셨다. 방언으로 기도하는 중에 부모님을 위해 기도한다는 사실을 알았다. 주님의 보호를 구하며 영어로 기도하다가 방언으로 기도했다. 날이 밝자 어머니께 전화를 걸었다. 두 분도 막 일어나셨는데 밤새 난로가 오작동을 일으킨 것이다. 난로를 놓은 카펫에 불이 붙어서 집안에 연기가 자욱했다. 그래도 두 분은 무사해서 다행이었다.

성령께서 나를 깨우셔서 기도를 시키신 덕에 두 분과 집이 무사했다고 확신한다. 무엇을 위해 기도하는지 내 머리로는 몰랐지만 성령으로 기도했고 그 기도 덕분에 하나님이 보호하셨다는 사실에 매우 감사드린다.

더 깊은 기도의 삶

1966년 가을밤에 조안은 텔레비전에서 빌리 그레이엄 목사님 설교를 듣고 그리스도를 영접했다.

"저는 예수님을 영접했기 때문에 분명히 거듭났어요."
그녀는 당시를 회상하며 말했다.

6개월 후 하나님의 일에 너무나 갈급해서 은사주의 책 두 권을 구입했다. 존 쉐릴의 〈성령님을 찾아서〉는 성경에서 말하는 방언에 대한 궁금증을 풀어 주었다. 뉴욕 거리에서 복음을 전하는 이야기를 담은 데이비드 윌커슨의 〈십자가와 깡패〉The Cross and the Switchblade는 그녀의 관심을 사로잡았다. 뉴욕시 근처에서 사는 그녀에게 친숙한 이야기였기 때문이다. 수백 명의 깡패들과 마약중독자들이 그리스도인이 되고 성령을 받아서 기도의 응답으로 기적이 일어나는 사건들이 책에 담겨 있었다. 조안의 말이다.

"마약중독자가 구원을 받고 그리스도를 영접하는 것 자체가 하나님의 기적이에요."

서점에서 일하는 점원이 근처 오순절교회 수요일 저녁 예배에 와보지 않겠느냐고 하기에 조안은 기꺼이 가보겠다고 했다.

"찬양도 활기찼고 그리스도를 높이는 설교였어요. 예배 마지막에 성령받을 사람들을 초청하더라고요. 교파를 초월한 사람들이 정기적으로 예배에 참석하는 듯했어요. 목사님은 성령을 받은 사람들에게 그들이 속한 지역교회에 머무르면서 그곳에서 예수님의 빛을 전하라고 지혜롭게 말씀하셨죠. 성령을 받은 후에 변화가 있었어요. 전에는 기도시간이 짧았는데 이제는 오랜 시간 방언으로 기도할 수 있죠. 아름다운 소리로 주님을 향한 사랑과 찬양을 드리고 싶어요."

조안은 부활절 직후 성령을 받았다. 그런데 금세 그녀의 기도언어가 달라졌다.

"부활절 주간에 방언으로 기도할 때는 계속 눈물만 났어요. 계속 슬픔이 있었는데 제가 느끼는 아픔이 제 죄 때문에 십자가를 지신 그리스도를 향한 하나님 아버지의 아픔이라는 생각이 들었어요.

몇 년 전 차에 치여서 도로에 누운 제 아들 옆에 무릎 꿇고 울부짖던 제 모습이 떠올랐어요. 그와 비슷한 하나님 아버지의 슬픔이 전해진 거죠. 후에 어떤 분께 들으니 제가 방언을 스스로 통역한 것 같다고 하시는 거예요. 당시 제가 한 방언을 직접 통역할 수 있는 줄은 몰랐어요."

오랫동안 조안은 담배를 끊으려고 노력했지만 번번이 실패했다. 그러나 성령을 받고 나자 담배를 피우고 싶은 생각이 사라졌다. 그리스도께서 그녀 안에 역사하신다는 즉각적인 사인이었다.

조안은 자기가 다니는 교회의 목사님 사모님을 모시고 오순절교회 수요예배에 참석했다. 사모님도 성령을 받았다. 지극히 이성적인 아내가 달라진 것을 본 목사님은 이 성령세례가 진짜임을 확신했다. 결국 조안이 속한 교회에서 성령을 받은 사람들끼리 목사님의 허락을 받고 일주일에 한 번씩 기도모임을 시작했다. 이후 그 모임은 조안의 남편 앤디의 지원 하에 조안의 집에서 하게 되었다.

목사님이 돌아가실 때까지 18년 동안 조안과 많은 친구들은 오순절교회 수요예배에 참석했다. 그러나 주일에는 본 교회에 출석해 다양한 부서에서 섬겼다. 현재 조안은 교회에서 기도사역에 열심이다. 그녀의 가장 큰 기쁨은 다른 여성들이 성령을 받도록 기도해 주는 것이다. 그녀는 여성은사주의단체 대표로서 뉴욕 지역의 사람들에게 전도하는 데 전념하고 있다.

다양한 이야기에서 알 수 있듯이 하나님은 우리 삶에서 매우 개인적이고 친밀하게 성령으로 움직이신다. 때로는 멜처럼 혼자 주님께 간구하며 두 팔을 내밀고 순종할 때 말씀하시기도 한다. 메릴린의 경우처럼 하나님의 진리를 사람들에게 나눌 기회도 주신다.

성령세례는 신자인 당신을 위한 선물이다. 이 책에 나

오는 몇몇 사람들에게만 주어진 선물이 아니다. 성령의 은사를 간구하고 받게 되면 삶이 달라지고 영원히 지속되는 새로운 삶을 경험하게 될 것이다.

> ### 기도
>
> 하나님 아버지, 성령의 은사를 받는 것에 기준을 만들었던 저를 용서해 주요. 다른 사람들을 보며 감정적으로 지나치게 흥분했다고 생각했던 걸 용서해 주세요. 주님, 제 삶을 새롭게 해주세요. 주님이 간절히 필요합니다. 오셔서 성령으로 충만하게 채워 주세요. 제 신앙생활을 도와줄 사람들을 보내 주세요. 기도를 들어 주셔서 감사합니다. 아멘.

8장

역사로 보는 성령

성령을 이렇게 받으라

> 그 후에 내가 내 영을 만민에게 부어 주리니
> 너희 자녀들이 장래 일을 말할 것이며
> 너희 늙은이는 꿈을 꾸며
> 너희 젊은이는 이상을 볼 것이며
> 그 때에 내가 또 내 영을
> 남종과 여종에게 부어 줄 것이며
> (욜 2:28-29)

선지자 요엘이 글을 쓴 지 800년이 지난 뒤에 사도 베드로는 예루살렘에서 오순절에 호기심이 가득한 군중 앞에 섰다. 예수를 따르는 사람들이 이상한 말을 하는 것을 들은 뒤라 사람들은 어리둥절했다. "이는 곧 선지자 요엘을 통하여 말씀하신 것이니"(행 2:16)라는 말로 베드로는 유명한 설교를 시작했다. 그날 베드로의 설교를 듣고 3,000명이 그리스도를 영접했다.

설교를 마무리하면서 베드로는 성령의 은사는 사도나 당시 사람들에게만이 아니라 모든 믿는 자들에게 주어졌다고 강조했다.

"이 약속은 너희와 너희 자녀와 모든 먼 데 사람 곧 주 우리 하나님이 얼마든지 부르시는 자들에게 하신 것이라" (행 2:39).

방언이 부족한 이유

교회의 역사를 보면 방언이라는 현상과 함께 일어나는 성령세례는 마지막 사도가 죽음으로써 끝났다고 많은 신학자들이 가르쳤다. 그러나 다른 학자들은 교회에서 성령세례가 완전히 사라지지 않았음을 밝혀냈다. 영적 쇠퇴라는 현상 때문에 자주 일어나지 않을 뿐이다.

한 성경학자의 말이다.

하나님의 계획은 변하지 않았으나 성경시대의 믿음과 열정에서 교회가 이탈했기 때문에 사도시대 이후부터 종교개혁 때까지 방언을 비롯한 은사들이 약해진 것이다. 세속적인 것이 교회에 파고들고 전통이 진리를 대신하면서 하나님의 은사와 권능은 거의 자취를 감추었다. 교회사를 연구하는 학자들은 사도 이후 교회는 사도시대의 영과 기준에서 급격히 쇠퇴했다고 인정한다.[1]

〈방언: 학문적 근거〉Speaking in Other Tongues: A Scholarly Defense라는 훌륭한 책은 방언과 기적이 나타난 곳에서 일어났던 다양한 부흥 운동을 언급한다. 초대교회 시대부터 17~19세기로 넘어올 때까지 놀라운 사건들이 존재했다.

감리교의 창시자인 존 웨슬리(1703~1791)는 1738년 5월에 성령을 만난 뒤로 삶이 달라졌으며 부흥은 그가 죽을 때까지 50년 넘게 계속 되었다.[2] 그의 설교를 보자.

> 구약성경이나 신약성경 어디에도 기적은 사도시대나 후사도 시대로 한정된다는 말이 없다. 하나님은 특정 부류나 학위, 나이, 시대로 자신을 제한하신 적이 없다.[3]

복음전도자 조나단 에드워즈(1703~1758)의 아내 사라 에드워즈는 1740~1741년에 성령이 엄청나게 부어지는 시기에 17일 동안 성령을 경험했다. 그녀는 사랑과 권능 그리고 '하나님의 달콤한 임재'를 경험했다. 사라의 말이다.

"하루는 '위로자가 오셨다'는 말이 내 영혼에 분명한 확신과 강렬한 기쁨으로 다가왔다. 나는 즉시 힘을 잃고 바닥에 쓰러졌다. 주위 사람들이 도와줘서 가까스로 일어났다."[4]

19세기의 유명한 복음전도자인 찰스 피니(1792~1895)는 '현대 부흥운동의 아버지'로 불린다. 그는 마음에 있는 것을 마구 쏟아내었을 때 성령이 임했다고 했다.[5]

R.A. 토레이(1856~1928)는 런던에 온 미국의 복음전도자 드와이트 무디(1839~1899)의 설교를 들으려고 갔다. 무디가 설교하려는데 방언이 시작되었다.

"말을 하려고 해도 방언만 나왔다. 다시 기도와 찬양을 하고 세 번째로 입을 열었을 때 그제야 설교를 시작할 수 있었다."[6]

찰스 스펄전(1834~1892)의 성령 충만한 설교 때문에 6,000석 규모의 메트로폴리탄 교회에는 해마다 수천 명의 런던 사람들이 모여들었다. 어느 영국 목회자의 말이다.

"스펄전 목사는 자신이 주님 안에서 너무 행복하다며 회중들에게 양해를 구했다. 이해할 수 없는 말이 자신도 모르게 자꾸 나온다고 했다."[7]

오순절 운동의 시작

몬타누스파Montanists, 발도파Waldensians, 마틴 루터의 종교개혁, 위그노Huguenot, 모라비아Moravians, 신앙부흥

운동 등 교회사에 영향을 끼친 부흥 그룹들이 많이 있다. 이러한 운동들은 성령을 새롭게 부각시켰으며 방언과 치유와 예언과 기적과 표적 등으로 교회에 생명과 성장을 가져왔다. 그중에서도 20세기 접어들면서 발생했던 현상이 바로 우리가 부르는 오순절 운동이다.

캔자스의 토피카에 있는 베델성경학교의 찰스 파햄 Charles Parham 목사는 성령을 받고 방언을 말하면 안 되는 이유가 무엇인지 성경에서 찾아보라고 학생들에게 도전했다. 학생들은 아무 근거도 발견하지 못했다.

1900년 12월 31일에 새해를 맞이해 하나님의 축복을 간구하며 송구영신예배를 드리는 자리였다. 1901년 1월 1일이 된 시점에서 아그네스 오즈만이라는 학생은 자신이 성령을 받도록 안수해 달라고 리더에게 기도를 부탁했다. 리더가 안수를 하자 그녀의 입에서 중국어가 터져 나와서 사흘 동안 영어를 말하지 못했다.[8]

시간이 흘러 1906년에 찰스 파햄 아래서 공부했던 윌리엄 세이모어 William J. Seymour는 로스앤젤레스 시내의 아주사 거리에 있는 교회에서 부흥을 이끌었다. 3년 반 동안 그 교회는 일주일 내내 하루 세 번씩 예배를 드렸다. 전 세계에서 모여든 수천 명이 성령을 받고 방언을 받았다. 그러나 성령을 경험한 사람들은 대부분 교회에서 쫓겨나고 이단 취급을 받았다. 그러나 아주사 부흥 이후 세워진 오순절 교단은 기독교 교단 중에서 급속한 성장을 경험했다.

윌리엄 부스-클리본William Booth-Clibborn(구세군의 창시자인 캐서린 부스의 손자)은 1908년에 런던에서 성령을 받았다. 그 후 수십 년 동안 그는 미국과 전 세계를 다니며 성령에 대해서 가르쳤다. 성령세례와 방언에 대해 간증하면서 이런 글을 남겼다.

> 누군가가 우리 입술을 소유할 수 있다는 생각은 인간적으로 볼 때 터무니없다. 그러나 인간의 능력과 하나님의 초자연적인 능력이 동시에 입을 통제할 수는 없다. 낯선 경험에 당황한 많은 성인들이 초자연적인 능력을 견디지 못하고 하나님께 주의 손을 거두어 달라고 간구했다. 그들은 "글로솔라리아"Glossolalia(방언으로 말하다)에 대해서 몰랐던 것이다.[9]

세계를 휩쓴 부흥운동 가운데 미숙하고 지혜롭지 못한 일도 행해졌다. 덕분에 성령세례를 부인하는 사람들의 입장만 확고해졌다. 부스-클리본은 그러한 비판에 대해 이렇게 말한다.

저명한 성경학자들과 기독교 지도자들이 두 눈으로 목격하고서도 비난과 조롱을 서슴지 않는 것에 놀라지 않을 수 없다. 경우에 맞지 않는 호통과 분노는 회중들에게 두려움과 혼란만 줄 뿐 확실한 해답을 제시하지 못했다.

…하나님의 성령이 전 세계에 부어졌다. 새롭게 하는 강력한 생명의 물줄기였다. 떠내려 온 쓰레기와 나무들과 죽은 물고기들이 물가에 있다고 해서 물줄기 전체를 비난해서는 안 된다. 물줄기가 바뀌거나 정체되는 등 물이 흐르지 않는 곳이 군데군데 보일 수도 있지만 능력과 축복이 가득한 큰 물줄기는 지금도 흘러간다… 비난과 추측성 폭로는 새로운 발견을 불러일으킬 뿐이다. 하나님의 최고를 받기 위해 인내하는 성실한 마음을 지닌 사람은 교회의 소동에 흔들리지 않는다.[10]

여성의 영향력

오순절 부흥의 큰 특징이라고 한다면 여성 복음전도자의 영향력을 들 수 있다. 에이미 셈플 맥퍼슨Aimee Semple McPherson(1890~1944), 마리아 우드워스-에터Maria Woodworth-Etter(1844~1924)는 갈록가(家)에도 큰 영향을 미쳤다. 루산의 시할아버지인 에드먼드 갈록은 알코올 중독과 마약 중독으로 대책 없는 사람이었다. 그의 불같은 성미 때문에 아내 제시와 12명의 아이들은 근심이 떠나지 않았다.

제시는 우드워스-에터가 인근 지역에서 천막 부흥집회를 연다는 소식을 듣고 코네티컷 롱힐까지 가는 기차표를 사서 남편에게 쥐어 주었다.

"집회에 가서 하나님이 일하실 때까지 있다가 와요. 다른 사람이 되기 전에는 절대로 돌아오지 말아요."

에드먼드는 아내 말을 따랐다. 며칠 뒤에 돌아온 에드먼드는 아내와 아이들을 모은 뒤에 자신이 구원받았고 치유되었으며 성령으로 충만해졌다고 말했다. 그 뒤로 갈록 집안은 완전히 달라졌다. 에드먼드는 그의 개종이 사실임을 몸소 보여 주었다. 곧 그의 가족 모두가 성령충만을 받았다. 장남인 H.B. 갈록(루산의 시아버지)을 비롯해 많은 자녀들이 전임사역에 헌신했다.

새로운 부흥의 물결

1900년대 초반부터 1950년대까지 방언을 수반한 성령세례는 주로 오순절 그룹에서만 경험했다. 그러나 점차 다양한 교단의 목회자들이 성령을 받기 시작했다. 1959년 11월 캘리포니아에서 성공회 목사인 데니스 베넷은 자신이 성령을 받았고 방언을 말한다고 회중에게 선포했다. 그는 압력을 받고 사임했으며 문을 닫아야 하는 상황에 몰린 시애틀에 있는 세인트루크 교구의 목회직을 수락했다.

〈타임〉지와 〈뉴스위크〉지 등에서 베넷의 사건을 보도하자 '성령의 새로운 운동'에 대한 대중의 관심이 증폭되었다.[11] 베넷이 목회하는 교회의 참석자 수는 4배가 넘게 증가했고 성령에 목마른 사람들이 교파를 초월해서 몰려들었다. 그의 강의와 성령에 대한 책 〈아침 9시〉는 예식을 중시하는 미국 내 교회에 지대한 영향을 미쳤다.

1960년대 접어들면서 성령은 "담을 뛰어넘었다." 즉 다양한 교파, 개신교와 가톨릭, 목회자와 평신도를 초월하여 성령을 받고 방언을 말하기 시작했다. 교황 요한 23세는 제2차 바티칸공의회(1962~1965)에서 새로운 오순절에 대한 자신의 갈망을 표명했고 모든 교회가 그것을 위해 기도하라고 지시했다. 이로써 가톨릭 사이에 성령이 부어지는 기초가 마련되었다.

결정적인 사건은 1967년 2월 펜실베이니아 피츠버그에서 듀케인Duquesne 대학의 가톨릭 교수들과 대학원생들

스무 명 정도가 모인 수련회였다. 한 역사학자의 말이다.

> 수련회를 준비하면서 참석자들에게 사도행전과 데이비드 윌커슨의 〈십자가와 깡패〉를 읽으라고 했다. 토요일 저녁에 예배당에 모였을 때 모두가 성령이 강력히 부어지는 것을 경험했다. 몇몇은 방언으로 말하기 시작했다… 듀케인에 부어진 불은 미국 가톨릭의 중심인 노트르담Notre Dame 대학교로 퍼졌다. 많은 교수들과 학생들이 성령을 받고 방언으로 말하게 되었다. 그 뒤로 이 운동이 급속히 확산되어 미국 전역에서 가톨릭 은사주의 기도그룹이 생겨났다.[12]

'은사주의 운동'이 급속히 퍼지던 1970년대에 퀸도 성령을 경험했다. 1960년대와 1970년대 사이 캐서린 쿨만 Kathryn Kuhlman은 수많은 기적과 치유로 성령의 능력을 그리스도인들에게 소개했다. 1980년데 접어들면서 미국에서는 약간 사그라졌지만 다른 국가에서 기독교의 빠른 성장에 큰 역할을 담당하고 있다.

은사주의charismatic라는 말은 '은혜의 선물'이라는 뜻인 헬라어 카리스마charisma에서 나왔다. 은사주의에서는 성령의 모든 은사를 강조하기 때문이다. 오순절Pentecostal

이라는 말은 유월절 후 50일째 되는 날을 의미하는 오순절 Pentecost에서 유래했다. 유대인들은 오순절을 기념했는데 성경에서 예수님의 명령에 따라 다락방에 모여 있던 120명이 성령을 받은 날도 오순절이었다(행 1:4; 2:1 참조).

오순절과 은사주의 교리의 큰 차이점은 오순절에서는 방언이 성령세례를 받았다는 필수적인 증거(최초의 증거)라고 생각하지만 은사주의에서는 방언을 하더라도 성령세례를 받은 여부는 확실치 않다고 믿는다.

말도 많고 오해도 많지만 20세기의 성령운동은 전 세계 기독교의 면면을 확실히 바꾸었다.

가족을 바꾸는 성령

초신자였던 우리(루산) 아버지는 1940년대 초반에 삶이 완전히 바뀌셨다. 빵집에서 같이 일하는 동료들과 오순절 부흥집회에 참석했다가 성령을 받고 방언을 하게 되었다. 아버지가 집에 와서 이 사실을 말하자 어머니는 회의적인 반응을 보이셨다.

"저는 알고 싶지 않아요. 당신과 그런 집회 가는 일도 절대 없을 거예요. 나는 빼주세요."

아버지는 어머니의 생각을 존중하셨다. 아버지는 퇴근 후에 부흥집회나 기도모임에 열심히 참석했다. 그러자 어머니는 무엇 때문에 아버지가 갑자기 신앙에 저렇게 열심을 내는지 호기심이 생겼다. 결국 우리 부모님은 근처 오순절교회에 함께 가셨는데 어머니는 성령을 받기 위해 앞으로 나가셨다. 어머니는 성령을 받고 방언을 말하게 되었다. 그때 웃음이 터져 나왔는데 얼마나 웃었으면 다음날 옆구리가 쑤실 정도였다.

우리 부모님의 삶에 성령이 행하셨던 가장 큰 일은 믿음의 수준이 높아져서 하나님이 육체의 질병을 치유하신다는 사실까지 믿게 된 것이다. 한번은 우리 오빠가 척수염을 앓고 누워 있을 때 아버지가 침대 맡에서 하나님의 치유의 권능이 오빠를 만지시도록 밤새 기도하셨다. 다음날 우리 오빠는 멀쩡해졌다. 나는 열한 살 때 습진이 심해서 일주일에 몇 번씩 주사를 맞았는데도 차도가 없었다. 그런데 어느 주일 저녁에 부모님이 나에게 기름을 바르고 치유를 위해 기도해 달라고 목사님께 부탁을 드렸다. 기도를 받고 일주일 만에 습진이 완전히 사라졌다.

나는 열세 살 때 1년 동안 열심히 기도한 끝에 교회 기도실에서 주일 저녁에 성령을 받았다. 당시 우리 교회에는 저녁예배 후에도 기도실에서 계속 기도모임이 있었다. 성령을 빋은 후 나는 어떤 형태로든 주님을 섬기는 사역을 하고 싶다는 열망이 생겼다.

아버지께서 아는 분이 주관한 부흥집회에 간증하러 가실 때나 우리 지역 교도소에 성경공부를 인도하러 가실 때 아버지를 따라가기도 했다. 주일학교에서 교사로 섬기고, 목사님 댁 아이들 돌보는 일을 돕고, 중고등부 활동을 하는 등 내 모든 활동은 거의 교회를 중심으로 이루어졌다. 물론 오순절교회에 다니는 것에 대해 친척들이나 주위에서 반대가 심했다. 우리 교회에서는 화장이나 옷차림에 대해 불필요할 정도로 엄격했는데 그것도 약간 걸림돌이 되었다. 그러나 나는 분명히 성령을 경험했고 그것을 포기하고 싶지 않았다.

50년 전 오클라호마 툴사에 있는 작고 초라한 오순절교회 기도실에서 성령을 받았던 그 날 이후 내 삶을 되돌아보면 놀라움을 금할 수 없다. 바로 그 기도실에서 스물두 살 때 복음단체 비서일을 그만두고 미주리에 있는 성경학교에 등록하라는 주님의 인도하심을 받았다. 4년 뒤 존 갈록을 만나 결혼했다. 존은 아내가 죽고 몇 달 뒤에 그 성경학교에서 강의하게 된 성경교사이자 선교사였다. 존과의 결혼은 두 어린 딸의 새엄마가 된다는 것을 의미했다. 결혼할 때만 해도 성령께서 나를 위해 예비하신 모험들을 꿈에도 몰랐다.

존도 오순절 배경에서 성장했는데 그의 부모님은 전임 사역자셨다. 부모님이 서아프리카에 있는 가나에 선교사로 파송되신 까닭에 어릴 때 가나에서 살기도 했다. 그는 아버지의 부임지를 따라 미국의 여러 도시에서 살았다. 존이 성령을 받은 경험을 들어보자.

"하나님의 임재에 잠기다"

목회자의 가정에서 자란 탓에 나(존)는 몸소 경험하기 훨씬 전부터 이미 '성령론'에 대해서 알고 있었다. 그러나 나는 합리적이고 과학적인 방법을 원했다. 고등학교 시절 내 취미는 대부분 과학과 관련된 것이었고 친구들은 모두 A학점만 받는 수재들이었다. 기적이나 방언에 대한 오순절의 믿음은 지식이 떨어지는 사람들에게만 해당되는 듯했다. 나는 부모님이 너무 극단적이라는 사실을 증명하기 위해서 성경을 열심히 파고들었다. 훌륭한 '복음주의자'가 되고 싶을 뿐이었다. 사역을 평생 직업으로 삼을 생각도 전혀 없었다. 과학자가 되고 싶었지 신뢰할 수 없고 변덕스러운 사람들을 상대하고 싶지는 않았다.

그러나 열일곱 살 때 하나님을 향한 굶주림이 더욱 커져 갔다. 하나님의 임재와 내 삶을 향한 인도하심에 더욱 갈급했다. 성경을 읽을수록 성령으로 충만해지는 것만이 해답이라는 생각이 들었다. 개종이나 '거듭남'을 뛰어넘는 경험이 필요했다. 나는 아버지께서 목회하시던 교회 제단에서 성령을 받기 위해 기도하기 시작했다.

우리 교회에는 빌리라는 사랑스러운 부인이 계셨다. 그녀는 독신이고 매우 가난하고 배우지도 못한 중년 여성이었는데 예배 후에 항상 제단에서 기도했다. 내가 기도하는 걸 본 빌리는 나를 위해 기도해 주기도 했다.

처음에는 그냥 나를 혼자 놔두었으면 하고 바랐다. 빌리는 옷도 허름하고 지저분한데다 외모만 보면 노숙자나 다름없었다. 샤워도 자주 안 하는 듯했다. 목소리는 또 얼마나 걸걸하고 큰지 모른다. 그러나 빌리는 기도하는 방법을 알고 있었다. 하나님은 빌리의 기도를 듣고 계셨다. 하나님과 가까이 있고 싶은 절박함이 커지면서 빌리가 옆에 있어 주어서 오히려 기뻤다.

하루는 성령의 임재에 푹 잠기는 느낌이 들면서 이해

할 수 없는 말이 터져 나왔다. 나는 기쁘고 감사해서 빌리를 껴안았다.

그 경험은 모든 것을 바꾸었다. 과학은 이제 부수적인 것이 되고 하나님을 섬기고 기쁘시게 하는 것이 최우선 순위가 되었다. 하나님은 내가 신학교에 가기를 바라셨다. 모든 것은 주님 손에 있음을 깨달았다.

성취된 예수님의 약속

하나님을 더 알고자 했던 수많은 굶주린 사람들의 경험은 이토록 다양하다! 모든 종류의 교회와 배경에서 온 사람들이 하나님의 응답을 받았다. 예수님은 약속대로 성령을 보내셨다.

유명한 오순절 역사가인 빈슨 사이넌Vinson Synan 박사의 말이다.

> 오순절이든 은사주의든 모든 운동들은 근래에 보기 드물게 기독교의 폭발적인 성장을 가져왔다.… 오순절 세기가 끝니가고 새 천년을 맞이하는 지금도 이 운동은 전혀 힘을 잃지 않았다. 부흥과 회복은 기독교 역사에 항상 있었으나 20세기

는 그야말로 '성령의 세기'였다.[13]

이 책을 시작하면서 했던 질문으로 글을 마무리하고 싶다. 성령은 누구인가?

성령은 삼위일체 중 세 번째 분이다. 그는 위로자요 변호자시다. 죄를 깨닫게 하시며 소망과 기쁨과 자유를 주시며 그리스도 안에 우리 유업을 인치셨다. 성령은 우리가 예수님의 은혜를 증거하도록 힘과 격려, 말씀과 인도, 능력을 주신다. 계시하시고 영적 은사를 주시며 우리의 사랑이 부족할 때 하나님의 사랑으로 우리를 통해 사랑하신다. 우리의 예배를 도우시며 기도하는 법을 알려 주시고 우리를 통해 기도하시며 배운 적 없는 언어로 말하게 하신다.

예수님은 이 선물을 보내겠다고 약속하셨다. 모든 그리스도인이 이기는 삶을 살려면 성령의 도움이 필요함을 아셨기 때문이다. 중요한 질문을 던지겠다.

"성령은 당신에게 누구인가?"

사랑의 하나님이 당신에게 주신 것을 받을 준비가 되어 있는가? 간구하면 그 선물이 당신 것이 된다.

| 에필로그 |

 글을 마치는 지금 문득 몇 년 전에 만난 젊은 부부가 생각난다. 그들은 〈여성을 위한 성령으로 충만한 삶〉이라는 우리 책을 읽고 성령을 받았다고 했다. 당시 그들은 댈러스에 있는 CFNI 학생이었고, 나는 일주일간 특강을 하게 된 남편을 따라 그곳에 갔다.

 "그 부부와 연락이 되어서 이야기를 소개하면 좋을 텐데…" 나는 퀸과 전화하면서 말했다. 그들의 이름도 모르고 고향도 모르고 졸업년도도 모르기 때문에 그냥 잊어버렸다.

 2001년 12월에 남편이 그의 강의를 들었던 학생이 이끄는 대형교회에서 설교하게 되어서 미시간 주 그랜드래피즈로 함께 갔다. 남편은 이틀 동안 다섯 번의 예배에서 설교를 해야 해서 매우 바쁜 주말이었다. 주일 저녁에 교회를 떠나는데 한 사역자의 아내가 나를 불러 세웠다.

"사모님 책을 읽고 성령을 받았던 부부가 바로 저희예요. 좋은 책을 써주셔서 정말 감사드려요. 곧 선교지로 떠나요."

나는 깜짝 놀랐다! 어디서부터 시작해야 할지 몰라서 시도도 하지 않았다. 그런데 그 교회에서 떠나려는 순간에 성령께서 로빈과 클락을 만나게 해주신 것이다. 그들의 이야기를 책에 써도 되겠느냐고 하니까 그들은 흔쾌히 동의했다(그들의 이야기는 3장에 나온다).

우리 힘으로는 절대로 할 수 없는 일을 성령께서 도우시는 한 가지 예에 불과하다.

이 책의 원고를 넘기고 사흘 뒤 나는 세계무역센터가 있던 부지 근처에서 열린 기도모임에 참석했다. 다양한 배경과 지역 출신 사람들이 모였다는 것이 매우 흥미로웠다. 성령께서는 국가와 뉴욕시와 비극으로 사랑하는 사람들을 잃은 사람들을 위한 기도에 우리를 하나로 연합시키셨다.

웬디라는 한 참가자는 복음의 진리를 거룩한 춤으로 표현했다. '전문 훈련을 받은 게 분명해.' 웬디의 춤을 보면서 혼자 생각했다. '성령께서 어떻게 웬디를 이곳으로 이끄셨을까?' 문득 궁금해져서 웬디에게 물어보았다.

약 16년 전에 웬디는 무용과 연기를 배우려고 뉴욕에 왔다고 했다. 1996년에 브루클린에서 공연될 가스펠 뮤지컬 오디션을 봤는데 무용팀장이 되었다. 공연 전에 배우들끼리 빙 둘러서서 손을 잡고 기도했다. 공연이 끝난 뒤에는 믿지 않는 사람들을 앞으로 초청했다. 무용을 하면서 이런 경험은 처음이라고 했다.

공연 마지막 주에는 맨해튼으로 자리를 옮겨서 오프브로드웨이 극장에서 공연하게 되었다. 마지막 커튼이 내려간 뒤에 한 배우가 웬디에게 와서 말했다.

"하나님이 너를 부르고 계셔. 네 삶을 주님께 드리기를 바라셔."

"물론 나도 그러고 싶어."

그를 통해 영접기도를 한 웬디는 정기적으로 교회에 출석하기 시작했다. 그 후 몇 달 동안 그녀는 주님 안에서 성장하고 물로 세례를 받았다.

"하나님은 저에게 공연단에서 나오라고 하셨어요. 이제 극장에서 공연할 날이 얼마 남지 않았음을 저도 알았지요. 하지만 재정 때문에 공연 하나만 더 하게 해달라고 기도했어요. 6개월 동안 무용단과 순회공연을 하기로 했는데 이게 큰 실수였어요. 매우 세속적인 단체였어요. 주위 사람들처럼 살고 싶은 강한 유혹을 이기기가 힘들었죠.

하루는 그리스도인이 아닌 친구가 제게 와서 말하더군요. '웬디, 여기는 너한테 아닌 거 같아.' 저는 뉴욕으로 돌아와서 주님을 위해 살게 해달라고 간구했어요. 저와 남자친구 모두 주님께 삶을 헌신했고 저희는 결혼했어요. 1년 뒤 결혼기념일에 아들이 태어났죠."

교회에 다니기 시작한 때부터 웬디는 방언으로 말하는 사람들을 종종 보았다. 자기도 하고 싶었지만 구하지는 않았다. 하루는 남편의 친구가 집을 방문했다. 그들 셋이 식탁에 앉아 있는데 친구가 웬디에게 성령을 받았냐고 물었다.

"아니오, 받고 싶어요."

웬디가 대답했다.

"남편 친구가 기도를 해주자 혀가 갑자기 두꺼워지는 느낌이 들었어요. 주님을 경배하자 새로운 언어가 입에서 나오기 시작했어요. 한동안 그렇게 기도하다가 저는 울음을 터뜨렸죠. 이번에는 저한테 남편을 위해 기도하라는 거예요. 기도했더니 남편도 조용히 방언을 말하기 시작했어요. 저희 둘의 방언은 완전히 달랐어요. 그날 이후 저는 예배할 때나 기도할 때나 중보할 때 방언을 했어요. 주님과 홀로 있을 때 방언으로 노래하면서 춤을 추기도 하죠."

무용단을 떠난 웬디에게 주님이 말씀하셨다.

"무용계를 떠나라고 했었지. 이제 다시 보낼 테니 나를 위해 무용하거라."

웬디는 무용으로 주님께 영광을 돌리며 사람들을 훈련하는 일도 하고 있다.

"주님은 무용에서 사탄을 쫓아내라고 하셨어요. 무용이 하나님의 선한 목적을 위해 사용되기를 바라세요."

웬디의 이야기를 듣고 남편에게 말했다.

"성령의 방법은 정말 놀라워요. 놀랄 일이 얼마나 많이 남았을까요?"

나는 성령께 절대로 제한을 두지 않겠다. 성령과 걷는 이 길이 날마다 새롭기를 기도한다. 로빈, 클락, 웬디 등 이 책에 나온 사람들처럼 당신도 성령의 세례와 갱생을 경험하기를 기도한다.

루산 갈록

| 주 |

1장 성령은 누구인가?
1. J.I. Packer, Concise Theology: A Guide to Historic Christian Beliefs (Wheaton, Ill.: Tyndale House, 1993), computer disk format.
2. James Strong, The Strongest Strong's Exhaustive Concordance of the Bible (Grand Rapids, Mich.: Zondervan, 2001), Greek entry #1411.
3. Jack Hayford, "Kingdom Dynamics," in The Spirit-Filled Life Bible, Jack Hayford, ed. (Nashville, Tenn.: Thomas Nelson, 1991), p.1622.
4. Adapted from Quin Sherrer, Listen, God Is Speaking to You (Ann Arbor, Mich.: Servant, 1999), p.195.
5. J. Rodman Williams, The Gift of the Holy Spirit Today (Plainfield, N.J.: Logos, International, 1980), p.29.
6. C.K. Mackintosh, Genesis to Deuteronomy: Notes on the Pentateuch (Neptune, N.J.: Loizeaux Brothers, 1972), p.58.

2장 모든 변화가 성령 때문인가?
1. John Sherill, They Speak with Other Tongues, (Grand Rapids, Mich.: Chosen/Revell, 1964, 1985), p.90.

2. Sherrill, p.90.
3. Sherrill, p.130.

3장 성령을 어떻게 받는가?

1. Jack Hayford, Living the Spirit-Formed Life (Ventura, Calif.: Regal, 2001), p.121.
2. Gordon Lindsay, Gifts of the Spirit, vol.4 (Dallas: Christ for the Nations, 1989), p.93.

4장 왜 방언을 하는가?

1. Paul Walker, "Holy Spirit Gifts and Power," in The Spirit-Filled Life Bible, edited by Jack W. Hayford (Nashville, Tenn.: Thomas Nelson, 1991), p.2020.
2. Jack Deere, Surprised by the Power of the Spirit (Grand Rapids, Mich.: Zondervan, 1993), p.139.
3. Judson Cornwall, Praying the Scriptures (Lake Mary, Fla.: Creation House, 1990), p.212-213.
4. George Stormont, Smith Wigglesworth: A Man Who Walked With God (Tulsa, Okla.: Harrison House, 1989), pp.138-139.
5. Corrie Ten Boom, Marching Orders for the End Battle (Fort Washington, Penn.: Christian Literature Crusade, 1969), pp.33-34.
6. H.B. Garlock, Before We Kill and Eat You, Ruthanne Garlock, ed., (Dallas: Christ for the Nations, 1974), p.100. Out of print. Revised edition to be released by Servant Publications in 2003.

5장 무엇 때문에 주저하는가?

1. Adapted from Quin Sherrer and Ruthanne Garlock, A Woman's Guide to Spirit-Filled Living (Ann Arbor, Mich.: Servant, 1996), pp.150-152.
2. Arthur Wallis, Pray in the Spirit (Fort Washington, Penn.: Christian Literature Crusade, 1970), pp.82-83, p.86.
3. Lindsay, p.65.
4. Catherine Marshall, The Helper (Grand Rapids, Mich.: Baker, 1978), pp.66-67.

6장 어떻게 성령으로 걸어가는가?

1. W.E. Vine, Vine's Expository Dictionary of Old and New Testament Words, vol. 3 (Old Tappan, N.J.: Revell, 1981), p.195.
2. David Wilkerson, "What It Means to Walk in the Spirit," Times Square Church Pulpit Series, August 15, 1994, p.1.
3. A.B. Simpson, "Walking in the Spirit," Herald of His Coming, February 1995, p.5. Reprinted from A.B. Simpson, The Gentle Love of the Holy Spirit (Camp Hill, Penn.: Christian Publications, 1983).
4. Adapted from Sherrer, p.136-137.
5. Elizabeth Alves, The Mighty Warrior (Bulverde, Tex.: Intercessors International, 1992), pp.69-70.

7장 성령세례는 지속적인가?

1. Ted Haggard, "A Pastor's Prayer Principles," Ministries Today, November-December 1994, p.17.

8장 역사로 보는 성령

1. Donald Lee Barnett and Jeffrey P. McGregor, Speaking in Other Tongues: A Scholarly Defense (Seattle: Community Chapel, 1986), p.229.
2. Daniel G. Reid, ed., Dictionary of Christianity in America (Downers Grove, Ill.: InterVarsity, 1990), p.1241.
3. Barnett and McGregor, p.242.
4. Quoted from Guy Chevreau, Catch the Fire (Toronto: Harper Collins, 1995), p.82-83.
5. Barnett and McGregor, p.252.
6. Barnett and McGregor, p.253.
7. Barnett and McGregor, p.254.
8. Stanley Howard Frodsham, With Signs Following, rev. ed. (Springfield, Mo.: Gospel Publishing House, 1946), p.20.
9. William Booth-Clibborn, The Baptism in the Holy Spirit, 4th ed. (Dallas: Voice of Healing Publishing, 1962), p.43.
10. Booth-Clibborn, pp.71-72.
11. Stanley M. Burgess and Gary B. McGee, eds., Dictionary of Pentecostal and Charismatic Movements (Grand Rapids, Mich.: Zondervan, 1988), p.132.
12. Eddie L. Hyatt, 2,000 Years of Charismatic Christianity (Dallas: Hyatt International Ministries, 1998), pp.197-198.
13. Vinson Synan, The Century of the Holy Spirit (Nashville, Tenn.: Thomas Nelson, 2001), p.12.

추천도서

번역서

〈성령의 임재를 구하는 기도〉(서로사랑 역간) 데니스 베넷. 원제: The Holy Spirit and You.

〈성령의 웃음소리〉(죠이출판사 역간) 짐 심발라. 원제: Fresh Power.

〈놀라운 성령의 능력〉(은성 역간) 잭 디어. 원제: Surprised by the Power of the Spirit.

〈삶을 은혜로 채우는 기도〉(생명의 말씀사) 잭 헤이포드. 원제: Living the Spirit-Formed Life.

〈중보기도 이렇게 하라〉(쉐키나 출판 역간) 더치 쉬츠. 원제: The Beginner;s Guide to Intercession.

〈하늘과 땅을 움직이는 중보기도〉(베다니출판사 역간) 더치 쉬츠. 원제: Intercessory Prayer.

〈성령의 인격과 사역 성령론 설교〉(크리스찬다이제스트사 역간) R.A. 토레이. 원제: The Person and Work of the Holy Spirit.

국내 미출간서

Ahn, Che, Hosting the Holy Spirit. Ventura, Calif.: Renew Books, 2000.

Barnett, Donald Lee, and Jeffrey P. McGregor. Speaking in Other Tongues: A Scholarly Defense. Seattle: Community Chapel Publications, 1986.

Burgess, Stanley M., and Gary B. McGee, eds. Dictionary of

Pentecostal and Charismatic Movements. Grand Rapids, Mich.: Zondervan, 1988.

Hayford, Jack, ed. The Spirit-Filled Life Bible. Nashville, Tenn.: Thomas Nelson, 1991, revised 2002.

Horton, Stanley M. What the Bible Says About the Holy Spirit. Springfield, Mo.: Gospel Publishing House, 1997.

Hyatt, Eddie L. 2,000 Years of Charismatic Christianity. Dallas: Hyatt International Ministries, 1998.

Lindsay, Gordon. Gifts of the Spirit. 4 vols. Dallas: Christ for the Nations, 1989.

Marshall, Catherine. Something More. Carmel, N.Y.: Guideposts Books, 1974.

Marshall, Catherine. The Helper: Grand Rapids, Mich.: Baker, 1978.

Sherrer, Quin. Listen, God Is Speaking to You. Ann Arbor, Mich.: Servant, 1999.

Sherrer, Quin, and Ruthanne Garlock. A Woman's Guide to Spiritual Warfare. Ann Arbor, Mich.: Servant, 1991.

Sherrer, Quin, and Ruthanne Garlock. The Spiritual Warrior's Prayer Guide. Ann Arbor, Mich.: Servant, 1992.

Sherrer, Quin, and Ruthanne Garlock. A Woman's Guide to Spirit-Filled Living. Ann Arbor, Mich.: Servant, 1996.

Sherrer, Quin, and Ruthanne Garlock. How to Prayer for Your Children. Ventura, Calif.: Regal, 1998.

Sherrer, Quin, and Ruthanne Garlock. Prayers Women Pray. Ann Arbor, Mich.: Servant, 1998.

Sherrer, Quin, and Ruthanne Garlock. Praying Prodigals Home. Ventura, Calif.: Regal, 2000.

Sherrer, Quin, and Ruthanne Garlock. Prayer Partnerships. Ann Arbor, Mich.: Servant, 2001.

Sherrill, John. They Speak with Other Tongues. Grand Rapids, Mich.: Chosen/Revell, 1964, 1985.

Storms, Sam. A Beginner's Guide to Spiritual Gifts. Ann Arbor, Mich.: Servant, 2002.

Sumrall, Lester. The Gifts and Ministries of the Holy Spirit. New Kensington, Penn.: Whitaker House, 1993.

Synan, Vinson. The Century of the Holy Spirit. Nashville, Tenn.: Thomas Nelson, 2001.

Wagner, C. Peter. The Acts of the Holy Spirit. Ventura, Calif.: Regal, 1994.

Wallis, Arthur. Pray in the Spirit. Fort Washington, Penn.: Christian Literature Crusade, 1970.

Warner, Wayne. Smith Wigglesworth: The Anointing of His Spirit. Ann Arbor, Mich.; Servant, 1994.

White, John. When the Spirit Comes With Power. Downers Grove, Ill.: InterVarsity, 1988.

성령을 이렇게 받으라

지은이 퀸 셰러 & 루산 갈록
펴낸이 김혜자
옮긴이 장택수

1판 1쇄 인쇄 2009년 2월 18일 ｜ **1판 1쇄 펴냄** 2009년 2월 20일

등록번호 제16-2825호 ｜ **등록일자** 2002년 10월
발행처 쉐키나 출판사 ｜ **주소** 서울시 강남구 대치3동 982-10
전화 (02) 3452-0442 ｜ **팩스** (02) 3452-4744
www.ydfc.com
www.tofdavid.com

값 10,000원
ISBN 978-89-92358-26-2 03230

※잘못된 책은 바꿔 드립니다.

쉐키나 미디어는 영적 부흥과 영혼의 추수를 위해 책, CD, TAPE, 영상물 등의 매체를 통해
하나님 나라가 7대 영역(가정 · 사업 · 정부 · 교육 · 미디어 · 예술 · 도시)으로
확장되는 비전으로 나아가고 있습니다.